좌절감과 절망감과 피로감이 목회 사역의 중대한 위협이 되고 있다. 성장을 확신할 수 없고 그럴 가능성마저 보이지 않을 때 어떻게 해야 목회자는 그 상황을 견디고, 더 나아가 성장을 도모할 수 있는가? 여기에 말씀을 전하라는 소명딤후 4:1-2을 충실히 감당하도록 격려가 필요한 목회자에게 이 책은 최고의 조언과 용기를 준다.

조 바너드(Joe Barnard)
크로스 트레이닝 미니스트리(Cross Training Ministries) 설립자

이 책은 비난과 낙담 속에서도 말씀에 충실하면 그 수고가 절대 헛되지 않으리라는 확신을 끝까지 붙들었기에 탄생할 수 있었다. 이 책은 설교에 대한 이론서가 아니다. 목회를 포기하고 싶을 때, 사람들의 끝없는 비난에 시달릴 때, 일부 교인이 교회를 떠나라고 요구할 때 설교에 대한 솔직한 심정을 담은 책이다.

저자들은 그들의 개인적 경험뿐 아니라 성경 말씀과 교회사에 기록된 여러 사례를 통해 내 마음에 큰 용기를 주었다. 이 책은 마음의 열정이 좀처럼 피어오를 기미가 보이지 않을 때 어떤 대가를 치르더라도, 당신이 신실한 설교자가

될 수 있도록 하나님이 주신 선물에 다시 불꽃을 일으키는 데 도움을 줄 것이다.

어윈 루처(Erwin W. Lutzer)
시카고 무디 교회 원로목사

어떻게 회중의 대대적인 변화를 끌어낼 수 있는가? 활기 넘치는 설교자가 필요한가? 전략적으로 더 나은 장소로 이동해야 하는가? 더 나은 음악이 있어야 하는가? 그 어느 것도 답이 아니다. 회중의 변화를 인도할 수단은 개인의 변화를 끌어낼 때와 마찬가지다. 바로 충실한 설교다. 매주 영감을 받은 하나님의 무오한 말씀을 충실하게 설교하는 것이다. 이 특별한 책은 이런 근본적인 사실을 일깨워준다. 설교에 관해 읽은 책으로 작은 서점을 차릴 수 있을 정도지만, 이 책처럼 특별한 책은 없었다. 두 저자 모두 수년 동안 신실한 설교자로서 회중의 부흥을 이루는 데 일조했고, 이 책에 기록한 내용을 오랫동안 몸소 실천했다. 교회를 위한 변화시키는 하나님의 능력은 사도 바울이 말한 대로 '설교의 어리석음'에서 찾을 수 있음을 이 책에서 확인하고 배우기를 바란다.

제프 로빈슨(Jeff Robinson)
켄터키 루이빌 소재 크라이스트 펠로십 교회 담임목사 /
복음 연합(The Gospel Coalition)의 책임 편집자

이 책은 단순한 성경적 실재를 충분히 반영하고 있어서 광범위한 적용이 가능하다. 두 저자는 각자의 어려운 상황에서 특별한 전쟁을 치러왔다. 성경이라는 틀로 그 경험을 걸러내어, 상황이 어렵거나 마음이 굳어진 교회들이 하나님의 말씀에 일치하는 방향으로 다시 살아나도록 애쓰는 이들에게 조언과 격려를 전한다. 견고한 교회에서 안정적으로 사역하는 목회자라도 유익하고 이해하기 쉬운 이 책에서 많은 자극과 교훈을 얻을 수 있을 것이다.

제레미 워커(Jeremy Walker)
영국 메이든바우어 침례교회 목사

좋은 친구 브라이언 크로프트와 공동 저자인 제임스 캐럴이 쓴 이 책은 교회에 주는 귀한 선물이다. 목회자라면 모두 이 책을 읽고 마음에 되새겨, 설교를 한 단계 발전시키는 법을 계속 고민하고 정립하는 계기로 삼기를 바란다. 꼭 이 책을 읽으라. 그런 다음 이 책이 당신을 읽게 하라. 하나님이 이 책을 사용하셔서 성경을 하나님의 말씀으로 믿는 모든 교회에 복음 전파의 부흥이 일어나기를 간절히 소망한다.

마크 클리프턴(Mark Clifton)
북미 선교회의 교회 재개척, 재활성화 책임자

Facing Snarls & Scowls
ⓒ 2019 by Brian Croft and James B. Carroll
Originally published in English under the title *Facing Snarls & Scowls: Preaching through Hostility, Apathy and Adversity in Church Revitalization* by Christian Focus Publication Ltd., Scotland, United Kingdom.
All rights reserved.

This Korean translation edition ⓒ 2023 by Timothy Publishing House, Inc., Seoul, Republic of Korea
Translated and used by permission of Christian Focus Publication Ltd., Scotland, United Kingdom.

이 한국어판의 저작권은 Frederick J. Rudy and Associates 에이전시를 통하여 Christian Focus Publication Ltd.와 독점 계약한 (주)도서출판 디모데에 있습니다. 신 저작권법에 의하여 한국 내에서 보호받는 저작물이므로 무단 전재와 무단 복제를 금합니다.

설교, 인내로 걷는 길

1쇄 발행　　2023년 1월 20일

지은이　　브라이언 크로프트, 제임스 캐럴
옮긴이　　김진선
펴낸이　　고종율

펴낸곳　　주)도서출판 디모데〈파이디온선교회 출판 사역 기관〉
등록　　2005년 6월 16일　제 319-2005-24호
주소　　서울특별시 서초구 서초대로 141-25(방배동, 세일빌딩)
전화　　마케팅실 070) 4018-4141
팩스　　마케팅실 02) 6919-2381
홈페이지　　www.timothybook.com

ISBN　　978-89-388-1693-1 (03230)
ⓒ 2023 도서출판 디모데 All rights reserved. 〈Printed in Korea〉

설교, 인내로 걷는 길

**적대감, 무관심, 냉소를
이기는 설교하기**

설교,
인내로
걷는
길

브라이언 크로프트,
제임스 캐럴
지음

김진선
옮김

사람들의 불평과 비난에 굴하지 않고 견디는
우리 노력을 누구보다 잘 아는,
우리 두 사람의 아내이자 최고의 친구인
카라와 미킬라에게 이 책을 바칩니다.
당신들이 이 여정에 함께해주는 것은
말로 할 수 없는 기쁨입니다.
고맙습니다. 그리고 사랑합니다.

추천의 글 • 13
서문 • 19
들어가는 글 • 23

1부. 인내한 설교자들

차례

1장. 성경에 나오는 인내한 설교자들 • 39

2장. 교회사에 등장하는 인내한 설교자들 • 67

2부. 설교를 싫어할 빌미를 주지 말라

3장. 책망받기 마땅한 부실한 설교 • 91

4장. 강해 설교의 기본 원리 • 115

5장. 장기간에 걸친 충실한 설교 • 135

3부. 장애물을 극복하는 설교

6장. 적대감을 이기는 설교 • 161

7장. 무관심과 냉소를 이기는 설교 • 183

8장. 곤경을 이기는 설교 • 209

결론 • 237
감사의 말 • 245
주 • 250

추천의 글

 눈을 돌리면 어디서나 확인할 수 있다. 어떤 곳은 커피숍으로 변했고, 또 어떤 경우는 레스토랑과 숙박 시설이 되기도 했다. 완전히 허물어져 자취가 사라진 경우는 수없이 많고, 이제 그 자리에는 사무실 빌딩이나 주차장이 들어서 있다.
 이것은 바로 교회들이다. 북미 전역의 마을에서 한때 잘 나갔던 예배당이었다. 그리스도인들은 크고 작은 공동체에서 담대하고 당당하게 복음을 선포했다. 제자 삼는 제자들을 세웠다. 세계 곳곳으로 수많은 설교자와 선교사를 파송했다. 그러나 오늘날 이 교회들은 텅 비어버렸다. 지나간 시대의 기념비로 자리를 지키고 있을 뿐이다.

북미는 죽어가는 교회라는 위기에 봉착했다. 전문가들은 해마다 4천 개 교회가 문을 닫는다고 한다. 나는 교회의 죽음이 하나님께 영광을 돌리는 경우는 없다고 믿는다. 죽은 교회는 "우리 하나님은 위대하시고 그분의 복음은 강성하다"라고 외칠 수 없다.

그렇다면 이렇게 교회들이 죽어가는 이유는 무엇인가? 매일 인구가 새로 유입되는 도시에는 많은 교회가 있지만, 이 교회들은 죽어가고 있다. 남은 지체들이 왕성하게 활동하고 적극적으로 섬기며 매년 노력을 이어가지만, 여전히 이 교회들은 죽음을 향해 나아가고 있다. 이 교회 중 많은 곳이 여전히 지역 공동체와 단절된 채 익숙한 것들이 주는 편안함에 안주해 복음의 능력을 외면하고 있다.

미남침례회 북미 선교부에서 교회 재개척과 재활성화 책임자라는 막중한 역할을 감당해온 나는, 아직 복음을 모르는 이들이 압도적으로 많은 지역에 자리 잡고 있어 많은 가능성이 있음에도 서서히 시들어가다가 결국 문을 닫는 교회를 수없이 보고 있다. 물론 이 교회들이 문을 닫는 이유는 아주 많지만, 결국 쇠퇴의 길로 기울어지는 것은 일관되고 성경적인 설교가 부족하기 때문이다. 그러나 "이상하네요. 우리 교회와 우리 목사님은 성경을 믿고 매주 성경으로 설교하시는데요"라고 의문을 던질 사람도 있을 것이다. 분명히 이런 생각이 맞을 수는 있다. 하지만 그것은 교인들이 자신의 안위를 포기하고 희생적인 삶을 살며 주변 공동체에 복음을 전하고 기꺼이 베풀도록 하나님 말씀을 제대로 전달하는 일관된 설교인가?

죽어가는 교회를 살리는 방법이라며 사람들이 소개하는 수많은 방법에 우리는 솔깃한 반응을 보이며 마음을 빼앗기기가 쉽다. 어떤 사람들은 교회 음악을 바꾸기를 원한다. 어떤 이들은 교회의 로고와 이름을 바꾸라고 조언한다. 딱딱한 강대상 의자를 접이식으로 바꾸라고 말하는 이들도 있다. 그러나 확실히 해둘 점이 있다. 나는 하나님이 미국 곳곳에서 교회들을 변화시키시는 역사를 직접 보았다. 내 눈으로 직접 보지 않았더라면 절대 믿지 않았을 기적을 행하시는 모습도 보았다. 하지만 음악 때문에 하나님이 교회를 변화시키신 적은 단 한 번도 없었다. 교회 로고나 이름을 바꾼다고 교회가 부흥하는 모습을 본 적도 없다. 딱딱한 의자를 들어내고 접이식으로 바꾼다고 하나님이 새 생명의 역사를 일으키시는 것도 아니었다. 교회가 새롭게 부흥할 때 결과적으로 이런 일이 일어날 수는 있지만, 이 일들은 새 생명의 결과지 원인이 아니다.

오직 성경적인 설교로만 죽은 사람들을 다시 살릴 수 있다. 오직 성경적인 설교로만 죽은 교회가 살아날 수 있다. 그러나 슬프게도 대부분 사람이 성경적 설교가 무엇이며 그 목적이 무엇인지 잘 모른다. 성경적 설교의 본질을 이해하고 하나님이 죽어 가는 교회들을 살리기 위해 어떻게 설교를 이용하시는지 알지 못하면, 우리 교회들은 복음으로 인한 변화의 모델이 될 수 없을 것이다. 하나님은 교회가 그런 변화의 모델이 되기를 원하신다.

내가 훌륭한 친구인 브라이언 크로프트와 공동저자인 제임스 캐럴이 이 책으로 교회에 귀중한 보물을 선사했다고 믿는 이유가 여기에 있다. 목사라면 누구나 이 책을 읽고 마음에 새기며 설교 수준을 높이기 위한 방법을 스스로 배울 수 있어야 한다. 사도 바울은 젊은 디모데에게 온갖 문제를 안고 있는 에베소 교회에 끝까지 헌신하도록 촉구하면서 건전한 교리를 가르치는 데 힘쓰라고 당부했다.

바울은 올바른 교리를 성실하게 가르치고 선포하는 것이 디모데가 한 어떤 일보다 교회의 건강을 지키는 데 중요하다는 사실을 알았다. 사람들의 생각과 마음을 변화시키기 위해 성령님은 하나님 말씀의 일관된 설교를 사용하실 것이다. 이 설교는 사람들이 예수님을 더욱 사랑하는 데 도움이 될 것이다. 예수님께는 죽어가는 모든 교회에 대한 계획이 있으시다. 우리가 예수님을 더 깊이 알아갈 때 그 계획을 깨달을 것이다.

이런 일은 우리가 실제로 일관되고 성경적인 설교를 할 때 경험할 수 있다. 이 책에 감사한 마음이 드는 이유가 바로 이 때문이다. 북미 교회사를 통틀어 지금처럼 이런 책이 절실하게 필요한 적은 없었다.

이 책을 읽으라. 그런 다음 이 책이 당신을 읽게 하라. 하나님이 이 책을 사용하셔서 북미 전역의 성경을 믿는 교회들이 복음적 설교의 부흥을 경험하게 해주시기를 기도한다.

마크 클리프턴

북미 선교회의 교회 재개척과 재활성화 책임자

2019년 1월

서문

"이미 설교에 관련한 책이 많이 나와 있는데, 다른 책이 필요할까요?"

제임스가 처음 이 책을 내자고 제안했을 때 내가 처음에 보인 반응은 이러했다. 다행히 최근 들어서는 성경적 설교가 다시 회복되고 강조되는 분위기여서 용기가 생긴다. 그 결과 지난 10년간 설교에 대해 유익하면서도 전문적인 책이 여러 권 출간되었다. 이러한 까닭에 나는 또 다른 설교에 관한 책을 펴낼 필요성을 느끼지 못했다. 제임스는 현명하고 사려 깊은 좋은 친구이며 멋진 아이디어가 번뜩이는 사람이다. 그래서 나는 그의 말을 귀담아들었고, 잔에 담긴 커피를 다 마시기도 전에 그에게 설득당하고 말았다. 그 이유는 이렇다.

설교를 강조하는 책은 시중에 많이 나와 있지만, 교회의 재활성화라는 맥락에서 설교를 다룬 책은 거의 없는 실정이다. 사실 나는 지금 독자들이 손에 든 이 책과 같은 것은 단 한 권도 없다고 확신한다. 한번 확인해보자. 교회 재활성화라는 어려운 작업은 독특한 경험이기도 하고 전쟁터의 성격을 띠기 때문이다. 교회 활성화가 특별히 남부 침례교회에서 사람들의 이목을 끄는 개념으로 자리 잡기도 전에 제임스와 나는 이를 목회의 중요한 일부로 여기고, 이 일에 매진하고 있었다. 그래서 지난 5년간 급부상한 교회 활성화에 관한 좋은 자료들이 쏟아져 나오자 우리는 자연스럽게 힘과 용기를 얻었다. 그러나 이 자료도 대부분 이 분야에 힘을 얻기 위한 여러 철학과 전략에 초점을 맞춘다. 재활성화 사역자들이 생산적이고 충실하게 이 일을 감당하기 위해 집중해야 할 가장 중요한 역할을 다룬 책은 여전히 전무하다.

아마 성경적 설교는 우리 목자 장께서 죽어가는

교회를 살리려고 하실 때 손에 들고 사용하시는 가장 중요한 도구의 하나일 것이다. 영원하고 참된 생명의 회복은 하나님의 성령으로 하나님 말씀을 통해 이루어진다. 이 일의 폭격 지점은 매주 주일 강대상에서 확인할 수 있다. 이 점은 어느 교회나 마찬가지다. 그러나 교회 재활성화 사역의 독특한 과제와 어려움 때문에 이런 성경적 설교가 더욱 중요해지고 필요해졌다.

그렇다면 그 독특한 어려움과 과제는 무엇인가? 내가 몸담은 교회의 경우, 설교하기 힘든 부분도 있지만, 냉소와 불만이 팽배한 적대적인 분위기도 그 어려움에 한몫했다. 제임스는 교회에 깊숙이 스며든 실용주의의 여파로 성경적 설교에 교인들이 매우 냉담한 반응을 보이는 것을 알게 되었다. 이렇게 우리 두 사람은 교회 재활성화를 위해 노력하는 사역자라면 누구나 겪는 어려움의 일면을 경험했다. 교회 재활성화 작업에 헌신한 많은 목회자와 함께 사역하는 특권을 누린 덕분에 우리의 경험에는 상당한 공통점이 있었다. 일종의 적대감과 무관심과 냉소, 곤경을 경험하더라도 끝까지 견디는 설교 사역은 교회를 재활성하고자 노력하며 견디는 역량이 얼마나 될지 가늠하는 리트머스 시험지와 같았다.

    그러므로 이 책을 쓴 목적에는 두 가지가 있다. 첫째, 교회 활성화 작업에 착수할 경우 적대적 반응과 냉담함과 어려움이 당연히 따를 것을 이 글을 읽는 독자라면 예상해야 한다. 그 누구도 예외는 아니다. 바울이 디모데에게 명령한 대로[딤후 4:1-5] 하나님 말씀을 충실히 전파하고자 노력하는 목회자라면, 성경적 강해 설교를 할 때 이런 어려움은 당연히 따를 것이다. 둘째, 하나님의 은혜로 끝까지 견디며 흔들리지 않을 때 죽어가는 교회라는 배가 때가 되면 방향을 돌리는 모습을 볼 수 있을 것이다. 그랬을 때 불평과 비난으로 가득하던 사람들이 변화되어, 선포된 하나님의 말씀을 뜨거운 열정으로 기쁨의 눈물을 흘리며 확신에 차서 받아들일 것이다. 또 그 모습을 보면서 우리는 설교자로서 더없이 달콤한 행복감을 누리게 될 것이다.

브라이언 크로프트
2018년 10월

들어가는 글

인내하라는 부르심

 매사에 냉소적인지 아니면 남의 말을 쉽게 받아들이는 편인지를 굳이 따지자면 나쩨윰스는 냉소적인 편에 속한다. 믿기 어려운 이야기를 들었을 때 '절대 그럴 리가 없어'라고 반응하거나 사실 여부를 잘 따져보고 받아들이고, 다른 사람들에게 그 내용을 전하기 위해 더욱 신중하게 사실을 확인하려고 한다. 사람들이 어떤 내용을 전달할 때 미화하거나 주관적인 내용을 더하거나 그럴듯하게 들리도록 내용을 왜곡하는 경우가 적지 않다고 생각한다. 사람들이 항상 악의가 있어서 거짓말하는 것은 아니다. 그러나 이야기하는 자체가 감정이 고조되는 행동이며, 대부분이 순간의 기분에 사로잡히기가 쉽다. 항상 바람직하다고만 말할 수 없겠지만, 나는 다른 사람들이 진실이라고 흥분해서 받아들이는 이야기에 별로 마음이 흔들리지 않는다. 특히 '실화에 바탕을 둔' 영화나 책에 대해서는 더욱 그렇다.

루이스 잠페리니의 생애에 관한 이야기를 들어본 사람이라면, 내가 그의 이야기를 알게 되었을 때 어떻게 반응했을지 짐작할 수 있을 것이다. 몇 년 전로라 힐렌브랜드가 쓴 그의 전기 『언브로큰*Unbroken*』을 읽기 전에는 그에 대해 전혀 몰랐다. 너무 감동적이고 동시에 믿기 어려운 내용이었기에 한번 읽기 시작하자 도무지 책을 내려놓을 수 없었다. 그래서 평소에 하던 대로 인터넷 서평을 찾아보고, 읽은 내용에 관한 사실 여부를 확인하기 위해 잠페리니에 관한 정보를 더 찾아보았다. 내가 확인할 수 있었던 점은 불굴의 인내에 관해 힐렌브랜드가 들려준 서사적 이야기는 정확히 사실이라는 것이다.

한 독자는 수많은 이야기를 양산한 전쟁에서 '피어오른 것 중에서도 가장 놀랍고 소름 끼칠 정도로 감동적인 이야기'라고 평가했다. 잠페리니는 1941년 미 육군 항공대에 입대한 뒤 남태평양에서 폭격수로 복무했다. 실종된 폭격기를 수색하는 임무를 수행하던 중 그가 탄 비행기가 추락하여 탑승 인원 11명 중 8명이 사망했다. 사고에서 살아남은 잠페리니와 다른 두 병사는 한 달 반 이상을 작은 뗏목 두 대에 의지해 망망대해를 표류했다. 그들은 빗물을 받아 겨우 목을 축이고, 작은 물고기와 뗏목에 내려앉은 새를 잡아먹어 굶주린 배를 채웠다. 여러 차례 상어의 공격을 받았음에도 다 막아내고, 폭풍으로 뗏목이 뒤집힐 뻔한 적도 있었다. 또 일본군 폭격기의 공격도 여러 번 받았다. 33일간 극한의 시련을 거치며 세 명 중 한 명이 사망했다.

47일 후 잠페리니와 남은 한 사람인 러셀 필립스는 마셜제도에 도달했지만 그들의 생존 이야기는 시작에 불과했다. 곧바로 일본군에게 붙잡힌 그들은 2년 동안 악명 높은 포로수용소에 갇혔다. 잠페리니는 포로 생활 내내 자행된 끔찍한 정신적 육체적 학대를 견뎌야 했고, 가장 악명 높은 일본 전범 중 한 명이자 별명이 '새'인 무츠히로 와타나베에게 끔찍한 고문을 받았다. 전쟁이 끝나고 1945년 8월에 석

방된 그는 전쟁 영웅으로 환대를 받으며 집으로 돌아왔다.

짐작하겠지만 그는 고국에서 일상생활을 회복하는 데 어려움을 겪었고 수시로 찾아오는 고문의 기억과 악몽으로 고통스러워했다. 과거의 고통을 잊기 위해 술에 의존할 때도 잦았다. 그러나 1949년 아내의 간절한 권유로 로스앤젤레스에서 열린 빌리 그레이엄 십자군 집회에 참석했고, 그리스도의 복음으로 변화되었다. 그는 영적인 회복과 치유를 경험했고, 그 덕분에 인생이 달라지고 용서의 열매를 맺었다. 심지어 전쟁 포로였던 그를 처참하게 학대한 이들도 용서할 수 있었다.

순수하게 인간적인 관점에서만 본다면 잠페리니의 이야기는 심금을 울리는 감동이 있다. 한 개인이 어떻게 이렇게 끔찍한 고통을 견딜 수 있다는 말인가? 하지만 기독교 세계관에서 바라보면, 그의 이야기는 단순히 극한의 환경에서 생존한 이야기가 아니다. 그것은 하나님의 은혜와 능력에 대한 증언이다. 하나님의 붙들어주시는 은혜가 없이는 어떤 사람도 전쟁이나 조난이나 가혹한 포로 생활을 견뎌낼 수 없다. 더 나아가 하나님의 변화시키는 은혜가 아니면 누구도 그 길을 걸어갈 수 없고, 누군가를 용서하는 수준에 이를 수도 없다. 몸이 망가지고 정신이 피폐해지며, 마음은 갈수록 원한과 복수심으로 병들어갈 것이다. 이런 고통에서 벗어나 이후 수십 년 동안 정신적이고 영적으로 평안을 누릴 수 있는 사람은 없다. 다시 말해서 하나님의 능력이 없이는 누구도 이런 삶을 살 수 없다. 그러므로 우리는 2차 세계대전에서 루이스를 구원하시고 이후에 포로수용소의 상황보다 더한, 즉 죄악의 권세와 형벌에서 그를 건져주신 분께 오롯이 공을 돌려드린다. 한 번 더 말하지만, 어느 측면에서 보더라도 이 이야기는 믿기 어려운 놀라운 이야기다.

그러나 솔직히 말해서 잠페리니의 이야기는 놀라울 정도로 감동적이기도 하지만 매우 이질적이어서 나와 무관한 이야기처럼 느껴진다. 그의 이야기를 읽는 동안 나도 그렇게 할 수 있으리라는 생각은 조금도 들지 않았다. 나는 단 하루라도 망망대해나 포로수용소에서 보낼 수 없을 것 같고, 간수의 서늘한 칼끝이 내 목을 겨누는 장면은 단 일 분도 상상할 수가 없다. 그의 이야기를 들으면 몸의 털이 곤두설지는 모르겠지만, 그와 같은 상황일 때 나도 같은 반응을 할 수 있으리라는 생각은 들지 않는다. 그의 이야기를 듣는 것이 좋지만, 이야기를 듣고 도전 의식이 생기기보다는 오히려 낭패스러운 기분이 더 든다. 거울을 들여다보며 "이봐, 울보! 손톱을 뽑히는 고문을 당하는 것도 아닌데 찡찡거리는 어린아이 같은 모습 좀 보이지 말라고"라고 말하고 싶다. 고통스러운 내용으로 가득한 그의 이야기는 끝까지 견디고 참는 미덕을 잘 보여주지만, 이야기를 들을수록 나의 연약한 점이 더 부각될 뿐이다.

이상하게 보일지는 모르지만, 루이스 잠페리니의 비범한 이야기로 이 책을 시작한 이유는 우리가 주요하게 생각하는 주제인 인내하는 설교와 이 이야기가 비교되기 때문이다. 첫째, 그의 이야기는 여러 면에서 우리가 거의 경험할 수 없는 일이다. 우리(브라이언, 제임스)는 뗏목을 타고 목숨을 부지해야 하거나 포로수용소에서 끝까지 살아남을 준비가 되어 있지 않다. 컴퓨터 자판을 두드리는 우리 손가락은 육체노동의 흔적이 있기보다 오히려 매니큐어를 칠하는 게 더 어울린다(분명히 해두지만, 한 번도 매니큐어를 칠해 본 적은 없다!). 일하다가 손에 물집이 생기기보다는 종이에 손이 베이는 일이 훨씬 더 많다. 목과 등의

통증은 무거운 장비를 들어 올리거나 옮기거나 돌리다가 생긴 게 아니라 잘못된 자세로 컴퓨터 작업을 하기에 생긴 경우가 대부분이다. 육체적 관점에서는 루이스와 우리의 공통점이 거의 없다.

그러나 이런 명백한 차이가 있는데도, 그의 이야기는 목회 사역에서 우리가 수행해야 할 소명과 비교하는 데 무리가 없다. 현실적으로 목회자가 뗏목을 타고 아사 직전까지 표류하는 일은 아마 없을 것이다. 하지만 어떻게 가족을 먹여 살릴지를 걱정하며 재정적 스트레스라는 사나운 바다 한가운데를 표류하는 고통스러운 경험은 할 수 있다. 신체적, 정신적, 정서적으로 우리를 굴복시키려고 고문하는 적군과 마주할 일은 없지만, 사역의 중압감에서 오는 정서적이고 정신적인 스트레스에 따른 신체적 증상은 경험할 수 있다. 때로 리더십을 발휘하려던 것이 교회 내 분란을 일으키고, 교회를 노리는 약탈자들이 전면에 나서는 빌미가 될 수도 있다.

아마 당신이 세상에 존재하는 모든 모욕을 당하지는 않을 것이다. 하지만 어떤 식으로든 모욕당하는 일이 생길 수는 있다. 계속 인생의 위협을 당하지는 않겠지만, 누군가에게 공격을 당할 수 있다. 또 당신과 당신의 리더십을 대놓고 반대하는 이들에게 공격당하겠지만, 때로 친구라는 이들에게서 공격을 받을 수도 있다. 이런 경험들은 매우 다르지만, 서로 상관관계가 있다.

　루이스와 그의 놀라운 이야기를 가감 없이 있는 그대로 받아들여야 한다. 하지만 끝까지 참고 견디는 자세는 전쟁 포로뿐만 아니라 목회자에게도 필요하다. 루이스가 겪은 일의 심각성을 축소하려거나 그가 경험한 일을 아는 척하려는 게 아니라 목회 사역이 마음이 약한 사람에게는 맞지 않는다는 점을 말하는 것이다. 40년간 목회 사역을 포기하지 않고 지속한다는 것은, 포로수용소에서 4년간 포기하지 않고 살아남은 것 못지않게 기적 같은 일이다. 어느 경우든 인간적으로는 가능한 일이 아니다. 둘 다 하나님의 은혜와 능력이 필요하다. 사역의 이면에서 벌어지는 전쟁은 자연적인 일이 아니라 초자연적인 일이므로, 어떤 사람은 사역에서 살아남는 것이 더 놀라운 일이라고 주장할 수도 있다. 전쟁 포로와 이런 일로 언쟁을 벌일 마음은 없다. 하지만 내가 하려는 말의 진의는 전달되었으리라고 생각한다. 이 책은 목회자들이 강단 사역을 포기하지 않고 끝까지 인내하며, 경주를 완주하기를 바라는 충정에서 나온 것이다.

그러나 논의를 진전시키기 전에, 중요한 한 가지를 짚고 넘어갈 필요가 있다. 우리는 소위 게으른 많은 사람이 목회직에서 물러났다는 사실을 잘 알고 있다. 우리는 목회직을 쉽게 은신할 수 있는 편안한 곳이라고 생각하는 게으른 이들과 함께 사역을 해왔다. 실제로 우리 자신도 그런 유혹을 받고 있고, 매일 완벽하게 청지기로서 잘 섬겨왔던 것도 아니다. 목회적 요구가 주고받기식으로 이루어지기 때문에 목회자들은 대체로 상당한 자유를 누리는 편이다. 목회적 돌봄의 필요성은 예기치 못한 불편한 시간에 갑자기 찾아오며, 개인의 희생을 요구하는 식으로 발생한다. 그러나 이런 요구가 항상 있는 것은 아니기에 목회자는 상당한 자유를 누릴 수 있다. 모든 사람이 쉬는 저녁 시간이나 주말에 사역하기에 주중의 시간은 자율적으로 융통성 있게 쓸 수 있다. 이를테면, 화요일 오전과 목요일 오후 시간대에는 여유를 부릴 수 있는데, 사람들에게 항상 매우 바쁜 것 같은 인상을 줄 수 있다. 게다가 노련한 목회자는 깊이 연구하지 않아도 특정 본문에 대해

30분 이상 설교할 수 있다. 신실하게 청지기로서 소임을 다하기 위해서는 단순히 행동하는 것 이상이 필요하다. 최선을 다해야 하는 것이다.

초반에 이런 지적을 하는 이유는 인내심을 발휘하는 설교가 단순히 수십 년간 매주 빠짐없이 일종의 영적인 이야기를 전달하는 것만을 의미하지 않는다는 사실을 확실히 하기 위해서다. 인내하는 설교란 오랜 시간을 성경 공부에 충실하게 투자하고, 그다음에 매주 주일마다 강대상에서 열정적이고 정확하게 하나님의 말씀을 선포하는 것을 말한다. 끈질긴 인내를 발휘하는 목회자라면 다음과 같은 양극단의 실수를 하지 말아야 한다. 먼저 부담감에 굴복하여 자신의 직임을 포기해서는 안 된다. 혹은 부담감 때문에 지쳐서 아무런 열정 없이 직을 이어 나가며 건성으로 해치우는 지경이 돼서도 안 된다. 우리가 이 책을 집필한 목적은 목회자들이 단순히 설교를 지속하는 차원을 넘어 끝까지 포기하지 않도록 힘을 북돋우는 데 있다. 끈질긴 인내는 단순히 오랜 기간 견디는 차원이 아닌 그 이상을 의미한다.

끝까지 견디고 참으라는 요청

목회 사역의 이런 어려움 때문에 특정 목회자 세대가 모든 분야에서 인내심을 갖고 수고하도록 격려하고 훈련하게 해줄 말씀이 필요하다. 특히 교회 재활성화라는 어려운 분야에서는 더욱 그러하다. 이런 이유로 우리^{브라이언, 제임스}는 설교에 관한 견고한 확신과 목회자들에 대한 깊은 사랑과 이 전쟁을 직접 치른 경험을 바탕으로 책을 쓰기로 의기투합했다. 하나님의 말씀은 사람들에게 인기를 끌지 못할 때가 많고, 인내하며 사역하기란 인간적으로 불가능한 일처럼 보인다. 수많은 목회자처럼, 우리도 정체기, 더 나아가 쇠퇴기에 귀를 막고 듣지 않으려는 이들에게 설교해야 했던 이사야의 경험을 잘 안다. 또 마게도냐 사역에 대한 바울의 심정에 절로 공감한다. "밖으로는 다툼이요 안으로는 두려움이었노라." ^{고후 7:5}

전통적인 침례교 설교자들의 정신에 맞게 우리는 세 가지 부분에서 독자들을 격려하고 도전하고자 한다. 첫째, 설교 사역으로 인한 시련은 새삼스럽지 않다. 성경과 교회 역사를 통틀어 신실한 설교자는 사람들의 적대감이나 냉담한 시선과 곤경의 무게를 짊어지고 힘에 부치도록 수고하고 애썼다. 이 세 가지 범주를 거론한 이유는 이 범주가 여러 면에서 매우 구체적인 환경을 아우르기 때문이다. 적대감은 하나님과 그분의 말씀 혹은 설교자를 공격하는 경우를 말한다. 냉담함은 하나님과 그분의 말씀 혹은 설교에 무관심한 경우를 가리킨다. 곤경은 개인적 부담과 가족에 대한 부담, 교회 관련 위급 상황에서 공동체에 닥치는 재난에 이르기까지 모든 것을 비롯해 설교자에게 영향을 미치는 광범위하고 다양한 위기를 말한다.

둘째, 당신 자신이 문제의 일부일 수 있다. 이 책은 이 주제를 본격적으로 다루는 것이 그 목적이 아니므로 강해 설교의 기본을 개괄적으로 살펴보고, 이와 관련된 직접적인 위험이 무엇인지 경고하는 선에서 마무리할 것이다. 형편없는 설교를 하고 그 설교를 좋아하지 않는다고 교인들을 탓한다면, 절대 하나님께 영광을 돌리지 못할 것이다. 그러므로 설교자는 성경 본문의 의미를 드러내고 사람들이 현실에 그것을 잘 적용할 수 있도록 성경 연구에 매진하여, 제대로 된 설교를 작성하고 전달하고자 성실히 노력해야 한다.

마지막으로, 이런 어려움은 당신만 겪는 것이 아니다. 거듭 말하지만 우리는 적대감과 무관심과 냉소, 곤경과 싸우며 설교자로 살아왔다. 모든 종류의 시련이나 환경을 경험해보지는 않았지만, 멍한 얼굴로 바라보는 사람들을 상대로 설교를 한 적도 있고, 용케 피하긴 했지만 우리를 반대하는 사람들이 투척한 수류탄급 공격에 맞서며 설교한 적도 있다. 믿었던 사람에게 공격당하기도 하고, 내면의 격렬한 갈등에 시달리기도 했지만 끝까지 포기하지 않았다. 이제 우리가 포기하지 않고 끝까지 설교 사역을 감당하도록 하나님이 소망과 용기를 주시도록 기도하며 우리의 개인적인 이야기를 함께 나누고자 한다.

평상시의 월요일 아침을 생각해보라. 그때 당신의 정신 상태를 어떻게 묘사할 수 있겠는가? 망망대해에 간신히 목숨을 지탱하며 뗏목에 타고 있다는 생각이 드는가? 어제 적과의 싸움도 무사히 피했고, '아군 오인 사격'도 가까스로 피할 수 있었다고 안도감을 느끼는가? 아니면 그들이 또 당신을 공격하려고 노리고 있다는 생각이 드는가? 혼자라는 생각이 드는가? 진정한 친구가 한 명도 없는 사람들의 섬에 갇혔다는 생각이 드는가? 완전히 실패했다고 생각하는가? 또다시 형편없는 설교를 했다는 데 자괴감을 느끼는가? 두들겨 맞아서 만신창이가 되었다는 생각이 드는가? 주일과 아무런 상관없는 스트레스로 짓눌려 있지는 않은가?

자신의 심리 상태가 어떠하든지, 끝까지 견디는 일은 가능하다. 왜냐하면 하나님께 영광 돌리고 그리스도를 높이는 일은 성령님이 주시는 힘으로 하는 것이기 때문이다. 일요일의 주님은 월요일에도 주님이시다. 주님은 은혜로우시고 주권자로서 우리 환경을 주관하시며, 이런 시련에는 다 우리를 향한 그분의 뜻이 있다. 그분은 자신의 교회를 지어가시는 동시에 우리를 흠이 없는 자로 만들고 계신다. 소망을 잃지 말라. 우리를 부르신 분이 신실하기에 그분은 확실하게 그 일을 해주실 것이다.

1부

인내한 설교자들

1장

성경에 나오는
인내한 설교자들

믿음의 말씀 운동이나 이와 관련된 번영 복음은 21세기 기독교에 큰 해악을 끼치고 있다. 성경의 진리를 왜곡하고 능력의 복음을 무장 해제하며 진정한 제자들을 허약하게 만들고 교회를 황폐하게 한다. 이 파멸의 칼날은 미국 전역으로 마수를 뻗치고 온 세계로 뻗어나가 외관상으로는 그리스도인이지만 성경적으로는 정체성이 식별되지 않는 그리스도인을 양산하고 있다. 자칭 그리스도인이라는 수백만 명이 이런 거짓말을 퍼뜨리며 교회를 다닌다. 외견상으로 보면 교회들은 모두 다 같은 교회처럼 보인다. 십자가를 공공연히 드러내고 예수님을 일상적으로 언급하며 빈번히 성경을 인용하기 때문이다. 하지만 깊은 속을 들여다보면 절대 타협할 수 없는 차이가 보인다. 성도들에게 단번에 전해진 살아 있는 믿음이라는 가면을 쓰고 있지만 실상 관에 들어가야 할 송장이나 마찬가지다. 속은 이미 죽었지만 겉으로는 살아 있는 것처럼 위장하는 것이다.

이런 유의 거짓 가르침은 사악한 반쪽짜리 진리로, 견고한 역사적 교회를 무너뜨리는 위협으로 작용한다. 창세기 3장에서 얻는 가장 강력한 교훈을 한 가지 꼽는다면, 뱀이 간교한 입놀림으로 하나님의 명령을 왜곡해서 인용하여, 하와가 하나님의 명백한 명령에 불순종하도록 유혹하고 아담도 같은 길을 걷게 한 것이다. 에덴동산 이후로 적의 가장 사악한 음모를 꼽는다면, 왜곡이라는 깊은 샘으로 교묘하게 속이는 독소를 만든 것이다. 진리를 전면 공격하면 효과는 있지만, 내부의 왜곡이나 측면 공격으로 거둘 수 있는 효과에 비하면 미미한 편이다. 적은 새로운 질문 방식을 고안하고 있다. "하나님이 정말 그렇게 말씀하셨니?" "하나님이 너를 사랑하신다면 왜 이것을 주지 않으시겠어?" 장담하건대, 믿음의 말씀 신학은 하나님의 말씀에 대한 또 다른 에덴동산식 공격일 뿐이다.

마찬가지로 번영 신학 역시 진리를 측면 공격하는 것이다. 이런 메시지를 전달하는 설교자들은 성경의 무오성에 대한 시카고 선언문을 아무런 이견 없이 받아들이지만, 실제로는 이 선언문을 훼손하는 식으로 가르칠 가능성이 크다. 성경으로 충분하다는 주장을 반대하는 사람은 거의 없겠지만, 실제로 성경을 사용하거나 남용하는 모습을 보면 말씀에 대한 지식이나 확신이 부족함을 알 수 있다. 예수님에 대한 사랑의 노래를 부르며 감정이 고양되는 경험을 유도하고 올바른 생활에 도움이 되는 조언을 한다는 명목으로 성경을 자의적으로 선택한다. 이들은 점점 정통 신앙에서 멀어져서 결국 발밑의 위험을 보지 못하고 절벽에서 추락하고 만다.

우리처럼 보수적이고 개혁주의적인 복음주의 신앙, 심지어 신앙 고백적인 목회자들은 높은 말에 앉은 것처럼 종종 상대방을 깔보는 듯한 오만한 분위기를 풍기며 사람들을 내려다볼 때가 있다. "나는 저렇게 무식하고 맹목적이고 사리 분별 못 하는 양들과 달라서 정말 감사하다. 내 신학적 입장은 확고하고 진리를 알아보는 기준도 정립되었다. 또 나는 시대에 뒤처지지 않으려고 늘 촉각을 곤두세우고 살아간다.『지저스 콜링 Jesus Calling』[1]이 아니라 존 파이퍼의 책을 읽고 조이스 메이어의 설교가 아니라 존 맥아더의 설교를 듣는다. 비진리의 길로 가는 영혼들을 위해 기도하지만 그런 시궁창에는 얼씬도 하지 않을 것이다."

그렇다고 성급하게 자신하지는 말라.

불길하게도 번영 복음이 근거로 삼는 거짓 교리의 기본 사상이 우리 중 많은 이의 생각 속에 자리하고 있다. 이런 사상이 우리의 설교 밑바탕에 깊이 잠복하고 있지만, 눈에 띌 정도로 드러나는 경우는 별로 없다. 다행히 드물게 드러난다고 해도 공개적인 대화나 개인적인 상담 영역까지 침투한 정도는 아니다.

우리는 물질의 풍요나 육체적 건강을 약속하는 교리에 혹해서 넘어가지는 않는다. 하나님이 우리의 말대로 행동하거나 조종당하실 수 있다는 거짓말에 넘어가지 않는다. 또 하나님이 아브라함과 맺은 언약을 현 상황에 맞게 세탁하지는 않을 것이다. '원하는 것을 말하고 간구하라'Name it and claim it 같은 말을 입 밖에 내는 일도 없을 것이다. 그런 엉터리 신학에 넘어갈 정도로 어리석지는 않다. 그러나 우리는 취약하고 연약하다. 나 자신의 약점을 선명하게 보았던 적이 있기에 수많은 젊은 목회자를 보면 그들에게도 그런 치명적인 약점이 있음이 보인다. 우리 식의 은밀한 번영 복음의 가르침은 한 문장으로 요약할 수 있다. "내가 성실하게 설교하면 교인들이 말씀과 설교자인 나를 사랑해서 교회가 수적으로 성장할 것이다."

이런 생각도 충분히 이해가 가고, 완전히 틀린 말도 아니다. 하지만 한 번 더 말하면, 그래서 이런 교리가 몹시 위험하다. 우리는 성경으로 이런 주장을 모든 세세한 부분까지 합리화하고자 시도할 수 있지만, 전체적으로 보면 이 주장은 받아들일 수 없다. 진정한 신자는 하나님의 말씀에 시편 119편과 같은 반응을 보인다. 즉, 그는 하나님의 말씀을 진정으로 사랑한다! 구속받은 사람이라면 자신을 목양해주는 목자를 있는 그대로 사랑하고 받아들일 것이다. 목회자가 맡은 사역을 신실하게 감당할 때 회중은 히브리서 13장 17절과 같은 태도로 반응할 것이다. 또 목회자가 하나님의 말씀을 신실하게 설교하면 그에 걸맞은 결실을 거두게 되어 있다. 사도행전 2장에 나오는 예루살렘 무리처럼 수천 명씩 결실을 거둘 수도 있고, 사도행전 9장에 나오는 다소의 바울처럼 일대일로 한 명씩 회심할 수도 있다. 하지만 우리가 말씀을 선포하면 하나님이 분명히 구원의 역사를 일으키실 것이다.

한 젊은 목회자의 머릿속을 들여다보자.

새로 부임한 교회에서 강해 설교를 하면 교인들은 열광적으로 반응할 것이다. 적응하기까지 몇 개월이 걸릴 수 있지만, 부임한 첫해가 끝나갈 무렵이면 더 설교해달라고 안달일 것이다. 그러니까 하나님을 미워하는 신자들이 아니라면 말이다. 부임한 교회에서 강해 설교를 하면 교인들이 나를 사랑할 것이다. 내가 성장할수록 나를 더욱 너그럽게 봐주고, 나의 독특한 점들을 인정해주고, 성경에 충실한 내 모습을 존경해줄 것이다. △△△교회에서 ○○○목사님을 인정해주듯이 나를 인정해줄 것이다. 우리 교인들이 ○○○목사님을 인정하지 않으려는 냉담하고 중생을 경험하지 못한 사람들 같지 않다면 말이다. 강해 설교를 하면 몰려드는 교인을 수용하기 위해 새로 교회 건물을 지어야 할지도 모르겠다. 이미 개척된 교회라면 내가 물만 주면, 하나님이 자라게 해주실 것이다. 이때쯤 고린도전서 3장 6-7절을 인용해야겠다. 그러니까 이 밭들이 도무지 가망이 없을 만큼 죄로 말라서 완고한 상태가 아니라면 말이다.

물론 도중에 이탈자도 생길 것이고, 우리의 노력을 저지하고 나를 무너뜨리려는 사람들도 분명히 나타날 것이다. 하지만 사도행전 2장에서처럼 좌우에 날 선 검인 말씀이 사람들의 심령을 찔러 쪼개고, 수많은 사람이 "어찌해야 구원을 얻을 수 있습니까?"라고 예외 없이 부르짖는 역사가 나타날 것이다. 강단 사역이 새롭게 회복되면, 참된 양들은 하나님 말씀의 신실한 선교에 몰려들 것이다. 실제로 "내 교회를 세우리니 음부의 권세가 이기지 못하리라"마 16:18는 말씀이 이루어질 것이다. 또 느헤미야 8-10장이 우리 눈앞에 재현될 것이다. 내가 말씀을 낭독하고 설명하면 교인들이 간절한 마음으로 그 말씀을 받아들일 테고(아마 말씀을 들으려고 12시간이나 서 있을지도 모른다) 회개하고 순종하는 반응이 당연히 따를 것이다. 더는 성경 강해가 끊어지는 날이 없고, 부흥의 역사가 일어날 것이다.

매우 성경적인 독백처럼 보이지만, 실상은 다르

다. 이 목사가 인용한 내용은 성경 기록으로 확증된 개별적인 진실이지만, 이것들을 억지로 끌어모아 하나의 공식으로 확정할 수는 없다. 이것은 목회자 버전의 개인 번영 신학에 지나지 않는다. "내가 이런 단계대로 이행하면 하나님이 원하는 결과를 거두게 해주실 것이다. 하나님께 순종하면 눈에 보이는 분명한 결실을 풍성하게 거두는 기쁨을 얻을 수 있을 것이다." 이런 낙관적 자세는 마치 히브리서 11장에 나오는 믿음의 태도인 듯 보이지만 실제로는 그렇지 않다. 성실한 설교가 항상 긍정적인 반응을 끌어낼 것이라는 생각은 성경의 내용과 일치하지 않는다. 사실 이런 생각은 일개 목회자의 자만심을 반영하고 부추기는 것에 지나지 않는다.

이런 잘못된 생각에 매달리고 싶은 유혹은 특히 교회 재활성화 상황에서 더욱 강렬하다. 쇠퇴하거나 죽어가는 교회의 주요 약점을 찾아보면, 성경적 설교의 부족을 들 수 있다. 그래서 한 목회자가 문제를 겪는 교회에 부임해서 그 문제를 진단하고, 강단 목회를 손보기로 한다. 총체적 난국의 허약한 설교라는 현실로 퇴락하기까지 수십 년이 걸렸더라도, 자신이 '말씀만 선포하면' 즉시 회복이 이루어지리라고 착각한다.

 구약의 선지자부터 신약의 사도까지, 성경에는 하나님의 말씀을 신실하게 전하다가 저항과 반발에 부딪힌 사람들의 사례가 가득하다. 하나님이 세상에서 그분의 뜻을 이루시고, 설교자에 대한 계획을 이루려고 주권적으로 역사하시는 일이므로, 이런 저항은 우연히 일어난 것이 아니다. 성경 기록을 보면, 하나님이 그분의 말씀을 전하고 역경과 싸우도록 도구로 사용할 사람들을 세우시는 내용이 곳곳에서 나타난다. 말씀 선포와 역경은 항상 붙어 다닌다. 무엇보다 특히 하나님은 두 가지 성과를 목표로 삼으셨다. 바로 진리의 선포와 진리를 선포하는 설교자의 성화다. 말씀 선포를 위해 하나님이 가장 일반적으로 사용하시는 도구는 연약하고 유혹에 취약하며 휘청거리기 쉬운 사람들이고, 설교자를 세우려고 하나님이 가장 흔히 사용하시는 도구는 냉소와 적대감과 시련이다. 몇 가지 사례를 살펴보자.

모세

 나라면 어떤 망설임도 없이 바위를 내리쳤을 것

이다. 38년이 지났다. 한 번 더 말하지만, 무려 38년이다. 같은 무리의 끝없는 불평과 불만을 들으며 긴 세월 광야에서 유리하는데, 또다시 물 문제로 투덜거리는 소리를 들었다면 나라도 화가 나서 바로 바위를 내리쳤을 것이다. 그래서 좌절해서 분노를 터뜨린 모세를 비난하기보다 그를 대신해 변명하고 싶은 유혹을 더 강하게 받는다. 나는 그가 너무나도 이해가 간다. 아이들이 몇 시간이나 며칠 혹은 몇 주 동안 같은 방식으로 반항하는 모습을 보이면, 나는 언제라도 화를 낼 준비가 되어 있다. 시간을 거슬러 그 시절을 한번 살펴보자.

모세의 사역 경력은 마치 롤러코스터처럼 이 진리를 한눈에 보여준다. 하나님이 역경을 통해 말씀을 전할 인간 도구를 세우심으로써 그분의 계획을 성취하신다는 것이다. 하나님은 시내산 어귀에서 불타는 떨기나무로 광야 서편에서 양을 치는 '세속적 직업'에 종사하던 그를 불러내셨다. 그러나 부르심을 들은 모세는 떨기나무 줄기의 뜨거운 기운이 미처 식기도 전에 그런 일은 절대 없을 것이라고 하나님의 제안을 일언지하에 거절한다. 하지만 모세는 하나님과의 논쟁에서 진 후 아무런 제지를 받지 않고 순탄하게 장인의 집을 떠난다. 이런 전체 과정은 애굽으로 돌아가는 길에서 십보라가 즉석에서 아들에게 할례를 행함으로 위기를 벗어나고서야 마무리된다. 그는 아론과 가족 간 재회를 즐긴 다음 의기투합하여 이스라엘 장로들 앞에서 성공적으로 말씀을 전달한다. 처음에는 다소 머뭇거리고 주저했지만, 이제 본격적인 사역의 길로 들어섰다.

바로와의 첫 대면은 대실패로 끝난다. 바로는 모세의 요청을 일거에 거부했을 뿐 아니라 이스라엘 민족을 더욱 가혹한 노역으로 내몰았다. 이 일로 이스라엘 백성은 모세를 의지하게 되었고 모세는 하나님을 의지하게 되었다. 상황은 급속도로 악화했다. 크라우치Crouches와 코플랜즈Copelands가 트리니티 방송 네트워크TBN을 통해 번영 신학의 메시지 폭탄을 투하하기도 한참 전이지만, 모세는 이 신학에 매료되었던 것이 분명하다. 그의 계획 속에는 어떤 실패의 가능성도 들어설 여지가 없었다. '내가 선포하면 바로가 그 자리에서 엎드리며 받아들이겠지. 우리 백성은 애굽을 유유히 빠져나올 수 있을 거야. 우리가 키우는 양 떼가 송아지를 더 낳지 않아도 꿀과 젖이 넘치도록 흐르는 땅에서 마음껏 젖을 마시고 꿀을 먹을 수 있을 거야.' 하지만 그의 이런 계획은 철저한 착각이었다.

하나님은 그를 일으켜 세우시고 옷의 흙을 털어 주신 후 다시 바로에게 돌려보내셨다. 이후 바로는 모세와 아홉 번 대면했고, 다소 심경에 변화를 보일 때도 있었지만 상황이 크게 달라지지는 않았다. 이때쯤 바로와 모세는 도저히 더 참을 수 없는 한계에 다다랐다. 하지만 더 중요한 점은 하나님이 결정적으로 역사하실 준비가 되었다는 것이다. 마지막 열 번째 재앙을 통해 하나님은 자기 백성에게 구원을 베푸셨다. 애굽의 모든 가정이 죽음을 경험했으나 이스라엘 백성은 유월절 어린양으로 목숨을 보전받았다. 하나님의 백성은 애굽을 탈출했고, 그때 애굽의 많은 재산을 가지고 나왔다.

그러나 모세의 롤러코스터 타기는 시작에 불과했다. 우리는 홍해의 놀라운 구원 역사는 기억하지만, 그 직전에 하나님의 백성이 공포에 질려 절규하는 소리가 울려 퍼졌음을 망각할 때가 종종 있다. 홍해 바다를 건너고 시내산에 도달하기까지 그들은 산지 세 곳을 더 건너야 했다. 마라에서 쓴 물이 단물로 바뀌는 경험을 하고, 만나와 메추라기를 먹었으며,

맛사와 므리바의 반석에서 물이 나오는 체험을 했다. 이런 모든 상황에서 원망하는 백성은 계속해서 하나님과 그분의 대변인을 불신하고 신뢰하지 못했다. 이런 불신의 행위는 시내산에서 체류할 때도 반복되었다. 특히 금송아지 사건을 통해 가장 노골적으로 드러났다.

이야기는 38년 후로 훌쩍 건너뛰어, 민수기 20장은 모세가 사역에서 맞닥뜨린 어려움과 고통을 완벽하게 포괄하여 보여준다. 이 장을 이어주는 주제이자 이 책이 필요한 이유를 보여준다. 민수기 20장은 모세의 누이인 미리암의 죽음으로 시작한다. 나일강의 갈대 상자에서 신 광야 사건에 이르기까지 이 두 사람이 들려줄 사연이 차고 넘친다. 그녀의 죽음은 아주 간단히 언급되었지만, 혈육인 누이와 사별하는 아픔은 절대 가볍지 않았을 것이다. 하지만 또다시 마실 물이 떨어졌고 백성은 원망하고 다투고 있었기 때문에 마냥 애도만 하고 있을 여유가 없었다. 홍해를 건너 시내산까지의 여정에서 해주셨던 대로 하나님은 바위에서 물을 내어주기로 하셨다. 그러나 앞에서 하나님이 지시하신 것과 달리 모세는 이제 반석을 지팡이로 치는 것이 아니라 '말로 명령해야' 했다. 모세는 백성을 향해 화를 내며 "너희여 들으라 우리가 너희를 위하여 이 반석에서 물을 내랴"라고 말하며 반석을 내리쳤다. 두 번씩이나 말이다. 그의 심정을 충분히 이해할 수 있다. 하지만 이것은 절대 사소한 실수가 아니었다. 백성에게 거룩함을 증명하시려는 하나님에 대한 '신뢰'가 부족함을 드러낸 것이었다. 출애굽기 17장에서처럼 이 물은 다툼이라는 의미의 '므리바'라는 단어와 연관이 있었다.

불행하게도 이 장은 이것으로 끝난 것이 아니었다. 개인적 비극과 공적인 실패라는 곤경도 모자라 이제 모세는 에돔왕의 적대감과 냉담함과 맞닥뜨린다. 에돔왕은 이스라엘이 지난 시절 겪은 고난과 사정을 설명하는 모세를 무시했다. 모세가 왕의 도로로만 직행하고 곁길로 새지 않겠다고 약속했는데도, 모압땅을 통과하게 해달라는 요청을 단번에 거부한다. 마지막으로 이 장은 모세의 형 아론의 죽음으로 마무리한다. 성경은 아론의 죽음을 최근 그들이 므리바에서 불순종했던 행동의 결과라고 말한다. 백성이 30일간 애도했던 것으로 보아, 이런 이별이 이스라엘의 이 종신 지도자에게 어떤 영향을 미쳤을지 궁금하다.

짧은 기간에 모세는 혈육 두 명을 땅에 묻었고, (다시) 원망하는 회중을 대해야 했다. 그리고 에돔을 통과하지 못하고 멀리 돌아가야 했다. 이것으로 롤러코스터 같은 그의 인생 경험이 다 끝나지는 않았지만, 그의 인생이 어땠을지 충분히 그 일면을 엿볼 수 있다. 개인적 위기와 공개적 불화는 한결같이 등장한다. 모세의 사역을 보면, 말씀을 백성에게 알리고 시련으로 대변자를 빚어가시는 하나님의 뜻과 계획이 불가분의 관계에 있음을 알 수 있다.

엘리야

나라면 틀림없이 로뎀나무 아래서도 서운한 마음을 달랠 길이 없고, 동굴에서도 원망하는 마음이 가시지 않았을 것이다. 불에 탄 제물의 사체를 처리하거나 열광하며 행진하는 군중이 뿌리는 색종이를 치울 겨를도 없이 엘리야는 도망하고 있었다. 또다시. 그러나 너무 앞질러 가지 말고 처음부터 내막을 살펴보도록 하자.

아합왕은 22년간 북왕국을 통치했다. 그는 선왕들의 뒤를 따라 '여호와 보시기에 악'을 행했고 심지어 그들보다 더 악랄했다. 바알 제단을 세우고 아세라 목상을 만들어 섬기며 여호와 하나님의 진노를 샀다. 하나님은 그런 반역에도 엘리야 선지자를 보내셔서 그가 악에서 돌이킬 수 있도록 은혜를 베푸시고, 다른 모든 신보다 뛰어난 권능을 보여주셨다. 엘리야는 하나님의 명령이 아니면 비가 오지 않으리라는 선포로 사역을 시작했다. 그리고 이어서 하나님의 직접적인 명령에 따라 요단강 동편 광야로 몸을 숨겼다. 말할 필요도 없겠지만, 엘리야의 가뭄에 대한 선포는 전혀 환영을 받지 못했다.

몸을 숨긴 3년 동안 하나님은 기적적으로 그를 먹이고 돌봐주셨고, 3년이 지나자 사마리아로 돌아가 아합과 대면하라고 명령하셨다. 이후 이어진 대결은 세기의 전설로 남아 있다. 엘리야는 단 하루 동안 바알 선지자 450명과 대결을 벌이고 그들을 비웃으며 무릎을 꿇렸고, 가차 없이 도륙했다. 하나님은 그분의 선지자를 통해 절대적인 권능과 가나안 신들에 대한 우월성을 보여주시고 기근을 끝내셨다. 나는 상당한 호응을 보이는 설교를 여러 번 해봤지만, 하늘에서 불이 내려와서 하나님의 권능을 드러내고 칼로 적들을 단번에 처단하는 역사를 경험한 적은 한 번도 없다.

더할 수 없는 만족감과 주체할 수 없는 기쁨을 상상할 수 있겠는가? 성경에 따르면, 첫 번째 선언 때문에 그는 3년간 숨어 지내야 했다. 분명히 이번에는 상황이 다를 것이다. 아합왕이 회개하고 돌이키지 않겠는가? 아니면 백성이 일어나 그와 맞서 싸우며 의로운 왕을 세우려고 하지 않을까?

서편에서 비구름이 다가오자 아합왕은 마차를 타고 반대 방향인 이스르엘의 궁궐로 향했다. 엘리야는 하나님의 능력에 힘입어 그보다 앞서서 달렸다. 아합은 목적지에 도달한 즉시 아내 이세벨에게 소식을 알렸고 이야기는 전혀 다른 방향으로 진행되었다. 따뜻하고 우정 어린 환대를 받으리라는 희망은 모두 사라졌다. 이세벨은 맹세코 죽이겠다고 엘리야에게 전갈을 보냈다. 450명이나 되는 바알 선지자와 일대 혈전을 벌였던 사람이 이제는 두려움에 질려 목숨을 부지하려고 도망했다. 브엘세바에 종을 남겨두고 한나절을 걸어 광야로 들어가 나무 한 그루를 발견하고 "여호와여 넉넉하오니 지금 내 생명을 거두시옵소서 나는 내 조상들보다 낫지 못하니이다"왕상 19:4라고 말하며 죽으려고 누웠다.

하지만 하나님은 그를 포기하지 않으셨다. 천사가 그를 깨워 두 번에 걸쳐 음식을 먹게 했고, 계속해서 갈 길을 가도록 지시를 내렸다. 그는 40일을 걸어서 호렙산에 당도했다(혹은 이미 알듯이 시내산). 한 달 넘게 걸었지만, 그의 기분이 회복되지 않았다. 이번에는 죽여달라고 간청하지는 않았지만, 마음 상태는 별로 좋지 않았다. "보세요, 하나님. 저는 올스타 선지자였지만 별로 좋은 일이 없었어요. 온 이스라엘이 당신을 등졌어도 저는 한결같은 마음으로 당신을 따랐고 당신이 명령하신 대로 다 순종했습니다. 그런데 지금 완전히 혼자입니다. 심지어 저들은 저를 죽이려 하고 있습니다. 제가 생각했던 것과는 전혀 다릅니다." 엘리야처럼 지쳐 낙심에 빠진 목회자가 있다면, 그도 당장 "제 마음이 그 마음입니다"라고 말하지 않겠는가?

하나님은 고요한 가운데 그런 엘리야에게 은혜의 말씀으로 반응하시며 또 다른 과업을 맡겨주셨다. "바알에게 무릎 꿇지 않은 칠천 명을 남겼으니 일어나 네가 맡은 일로 돌아가라." 이 내러티브로 엘리야의 사역 전체를 요약할 수 없지만 핵심을 전달하기에는 충분하다. 성경의 기록을 보면 시종일관

하나님은 그분의 백성에게 말씀하시고, 시련으로 대언자를 훈련하셨음을 알 수 있다.

이사야

두말할 필요도 없이 나라면 다른 일을 맡겨달라고 간청했을 것이다. 이사야는 저주를 선언하는 형식으로 유다의 죄를 지적하고 경고한 뒤 참된 왕에 대한 환상을 본다. 초월자 하나님이 천사들에게 둘러싸여 계시고 천사들은 쉬지 않고 그분의 영광을 외치며 그분을 섬기고자 대기하고 있다. 이사야는 자신의 무가치함에 짓눌려 겸허히 자기 죄악을 인정하며 절규하고, 용서하시는 하나님의 은혜를 입는다. 이어서 하나님은 분명하고 극적으로 그분의 종을 구하신다. 이사야는 갈 준비가 되었다. "내가 여기 있나이다 나를 보내소서."사 6:8

종종 이 단락을 공부하는 사람들은 이사야가 하나님께 굴복했다는 결론을 내릴 때가 많지만 이 장의 마지막 4개 절은 이 책의 목적에 아주 중요하다. 하나님은 이사야에게 완악한 백성에게 말씀을 선포하라는 과업을 맡기셨지만, 그 사역을 해나가는 상황은 더욱 악화할 것이라고 말씀하셨다. 이사야는 아무런 긍정적 결과도 기대할 수 없었고, 오직 심령이 둔하고 보아도 보지 못하고 들어도 듣지 못하는 백성을 상대해야 했다.

사역을 시작하고 첫해 안에 사람들이 얼마나 미련하고 우둔한지 알게 된다. 그들이 쓴 열매를 맺은 것은 하나님을 저버렸기 때문이고 우리는 그 사실을 지적해야 한다. 그러나 "여호와께서 말씀하시기를"라고 선언하면 그들은 분명히 회개하며 엎드릴 것이다. 우리가 위대한 설교자라서가 아니라 하나님이 계획하셨던 뜻을 말씀으로 이루실 것이기 때문이다. 그렇다면 당신들이 귀가 막혔고 눈멀었으며 둔하다고 언제까지 경고해야 하는가? 온 땅이 폐허가 될 때까지다.

이사야의 사역 기간이 정확히 언제까지인지 모른다. 그는 주전 740년 웃시야가 사망할 당시에 사역을 시작해서 701년 앗수르 침략 때까지 사역을 계속했다. 유대 전승에 따르면, 그는 687년 이후 어느 시점에 므낫세의 박해가 있을 때 사망했다고 전해지며, 산헤립의 죽음을 언급한 것으로 보아 사 37:38 681년 이후에도 살아 있었을 가능성이 있다. 북이스라엘의 멸망을 목격했고 앗수르의 유다 위협을 겪었으며, 100년 뒤 유다가 바벨론 포로가 될 것을 내다보았다. 히스기야의 부흥 운동을 비롯해 산맥의 정상에 오른 듯한 경험을 일부 했지만, 대부분 사역 기간(40년에서 60년) 유다는 꾸준히 쇠락의 길을 걸었고 곧 파멸하게 될 터였다. 도대체 언제까지 그 일을 해야 했을까? 나라면 6개월도 견디지 못했을 일을 그는 수십 년 동안 했다.

열거하자면 끝이 없다. 하지만 핵심은 분명하다. 하나님은 사람들의 입을 이용해 그분의 말씀을 알리셨고, 전하는 사람들을 온전히 빚으려고 시련을 사용하셨다. 신약에도 유사한 내용이 더 많이 나온다.

열두 제자

두말할 필요 없이 나라면 소명에 대해 어떤 결정을 내릴 때 더 깊이 고민했을 것이다. 갈릴리에서 그물이 찢어지도록 고기가 잡히는 놀라운 광경을 직접 목격하고, 바로 이어서 "그물을 버리고 사람을 낚는 일을 하러 가자"라는 말을 들었다고 상상해보자. 제자들이 내린 결정이 위험하고 충동적으로 보이지만, 모든 사실을 고려해보면 그들은 충분히 합리적인 결정을 내렸다. 그들에게는 그분이 메시아라는 분명한 확신이 있었다. 그러므로 그분의 팀에 속하기를 바란다면, 그분이 어떤 요구를 하셨더라도 기꺼이 응했을 것이다.

예수님의 공생애 초기에 이루어진 사역은 교회 사역이라기보다 떠들썩한 축제에 더 가까운 것 같다. 예수님이 가시는 곳마다 수많은 무리가 몰려들었다. 열광하고 따르지 않을 이유가 어디 있겠는가? 예수님은 가는 곳마다 병을 고치시고 귀신을 쫓아내셨으며 히브리 성경을 기반으로 놀라운 메시지를 선포하셨다. 그분은 자상하시고 다른 사람의 아픔을 외면하는 분이 아니었다. 사회에서 버려진 자들을 돕기 위해 몸을 낮추셨고, 보통 사람들도 알아들을 수 있는 말로 말씀을 전하셨으며, 당대 최고의 신학자들과 대화를 나누셨다. 열두 제자는 항상 앞자리에 있었다. 그들은 때로 무리처럼 관망하기도 하고, 때로는 종으로 섬기거나 학생처럼 배우기도 하며, 결국 보내심을 받은 사도가 되었다. 누가 그분의 권유를 거절할 수 있었겠는가?

하지만 이런 행복은 오래가지 않았다. 대체로 예

수님을 찬양하는 무리의 마음은 여전했지만, 그들의 열정은 식어갔다. 그들은 여전히 예수님이 행하시는 기적과 치유를 원하고 고대했지만, 그분이 전하시는 메시지에 항상 공감하지는 않았고 때로 그분을 떠나기까지 했다. 그분이 하시는 말씀 중에는 혼란스러운 내용도 적지 않았고, 심지어 의도가 무엇인지 알 수 없는 것도 있었다. 게다가 몇몇 메시지는 대놓고 도발적이고 도전적이었다. 온건한 제3의 길이 있었다면 얼마나 좋았겠는가.

열두 제자가 교육과 현장 참관을 통해 훈련을 마치면 예수님은 사역 과제를 각각 맡기시고 그들을 파송하셨다. 그분은 본질적으로 이렇게 말씀하신 셈이었다. "내가 하는 모습을 보고 그대로 따라 해라. 선포하고 고치며 일으켜 세우고 정결하게 하고 쫓아내라. 어떤 사람들은 너희를 환대하겠지만, 어떤 이들은 환대하지 않을 것이다. 그래도 그들의 반응에 개의치 말아라." 베드로는 그 즉시 떠나려고 벌써 한 발을 내딛고 있었을 것이다. "네, 알겠습니다. 이제 떠날게요…. 아, 예수님, 하실 말씀이 더 남았다고요?"라고 하는 소리가 들리는 듯하다. 마태복음 10장 16-25절에 기록된 예수님의 교훈은 별로 안중에 두지 않은 것 같다.

예수님이 서두에 묘사하신 이미지는 단번에 시선을 사로잡을 정도로 생생하다. "내가 너희를 보냄이 양을 이리 가운데로 보냄과 같다." 너무 무서운 말씀이다. "사람들은 너희를 미워하고 학대하고 죽이려 들 것이다. 그러나 이는 다 계획한 일이므로 두려워하지 말고 끝까지 말씀을 전해라." 나라면 역시 갈릴리호숫가에서 내렸던 결정을 재고해봤을 것 같다. 혹시 지금이라도 다른 일을 할 수는 없을까?

제자들은 첫 사역 여행에서 이런 식의 격렬한 반발을 겪지 않았다. 하지만 이후 수십 년간 예언과도 같았던 이 말씀은 실제로 이루어졌다. 그들이 마주한 적대감과 냉담함에 대해 하나하나 세세하게 설명하는 것은 이 책의 취지에 맞지 않으므로, 여기서는 더 말하지 않을 것이다. 하지만 사도행전의 기록과 교회 교부들의 증언을 보면, 사도들이 구약 선지자들과 같은 길을 걸었음을 분명히 알 수 있다. 그들은 하나님이 사람을 통해 말씀을 전하신다는 진리와 그 설교자들을 큰 시련 가운데 노출시키신다는 진리를 보여준다. 다시 한번 말하지만, 이 두 진리는 불가분의 관계에 있다.

바울

의심할 여지 없이, 우리가 몸담은 문화에서 가장 고된 일이라도 바울이 한 사역에 비하면 공원에서 하루를 보내는 편한 일일 듯싶다. 이 책을 읽으면서 마치 배가 물속에 점점 가라앉는 것 같은 위기감을 느껴, 당장 붙잡을 구명선을 찾아야 할 것 같은 기분이 들 수 있다. 끝까지 견뎌야 한다는 사실은 잘 알지만 실제로 끝까지 완주할 수 있을지 자신이 없을 수 있다. 그럼 이제 바울에 대해 생각해보자.

아라비아와 다메섹에서 훈련받고 사역했던 바울의 초창기 시절에 대해서는 알려진 바가 거의 없다. 하지만 사도행전 9장에서 두 가지 사실을 확인할 수 있다. 그가 주님을 영접한 즉시 예수님을 선포하기 시작했다는 사실과 격렬한 저항과 반발로 성벽의 구멍으로 빠져나와 몸을 피한 적이 있다는 것이다. 이제 몇 년을 훌쩍 건너뛰어 그의 1차 선교여행 현장으로 가보면, 일부 유대인이 바울의 회당 설교를 거부하고 어떤 사람은 돌로 그의 머리를 치는 장면을 볼 수 있다. 바울은 안디옥의 선교 본부로 돌아와서 바로 교회 내부에서 발생한 갈등과 불화와 맞닥뜨린다. 불행히도 언쟁은 한 곳에서만 한정되지 않았고, 그가 막 개척한 신생 교회를 비롯해 여러 교회를 혼란의 소용돌이로 몰아가고 있었다. 그는 공의회에 참석하러 예루살렘으로 가기 전에 갈라디아 교회에 들러 그가 전한 복음을 버리도록 부추긴 거짓 교훈을 경고하고, 자신의 사역에 대한 비난에 맞서 스스로 변호하는 격정적인 서신을 급히 써 보내야 했다.

예루살렘 모임은 긍정적인 결실을 거두었지만, 선교 여정에 다시 복귀하기 전에 가장 가까운 사역 동반자와 심각한 의견 대립 끝에 결국 서로 결별하기에 이른다. 이후 두 번에 걸친 선교여행 역시 유사했다. 담대하게 복음을 선포했으나 곤경을 당하고 격렬한 반발과 적대감과 싸워야 했다. 3차 선교여행이 끝나갈 무렵 그는 고린도에 있는 교회에 보내는 편지에서 자신의 싸움을 두 단락으로 요약한다.

우리가 사방으로 우겨쌈을 당하여도 싸이지 아니하며 답답한 일을 당하여도 낙심하지 아니하며 박해를 받아도 버린 바 되지 아니하며 거꾸러뜨림을 당하여도 망하지 아니하고…그들이 그리스도의 일꾼이냐 정신없는 말을 하거니와 나는 더욱 그러하도다 내가 수고를 넘치도록 하고 옥에 갇히기도 더 많이 하고 매도 수없이 맞고 여러 번 죽을 뻔하였으니 유대인들에게 사십에서 하나 감한 매를 다섯 번 맞았으며 세 번 태장으로 맞고 한 번 돌로 맞고 세 번 파선하고 일 주야를 깊은 바다에서 지냈으며 여러 번 여행하면서 강의 위험과 강도의 위험과 동족의 위험과 이방인의 위험과 시내의 위험과 광야의 위험과 바다의 위험과 거짓 형제 중의 위험을 당하고 또 수고하며 애쓰고 여러 번 자지 못하고 주리며 목마르고 여러 번 굶고 춥고 헐벗었노라 이 외의 일은 고사하고 아직도 날마다 내 속에 눌리는 일이 있으니 곧 모든 교회를 위하여 염려하는 것이라. 고후 4:8-9; 11:23-28

실로 놀라운 글이 아니라 할 수 없다. 특별히 그가 예루살렘에서 체포되기 전, 가이사랴에서 투옥되기 전, 배가 난파되어 말타섬에 고립되기 전, 로마에서 감옥에 갇히기 전, 디모데에게 서신을 보내기 전에 이 글을 썼다는 점을 감안한다면 더욱 그렇다. 현존하는 바울의 서신 중 마지막 한 편지를 보면 딤후 4:9-18 최근에 겪은 육체적 고통과 절친한 사역 파트너들의 배신, 교회 내부의 격렬한 반대, 견디기 어려운 외로움에 관해 쓴 내용이 보인다. 30년이 넘는 사역 기간에 적의와 무관심, 냉소, 곤경은 예외적인 상황이 아니라 일상이었다.

지금까지 살펴본 성경 기록을 볼 때 바울은 바로 그 진리, 즉 하나님이 사람을 통해 말씀을 선포하신다는 데서 나아가 말씀을 전하는 자기 종을 정결하게 하시려고 역경을 허락하신다는 진리의 가장 선명하면서도 최종적인 사례에 해당한다. 어떤 의미에서 모든 설교자는 이 범주에 해당한다. 우리를 다듬으신 후 우리를 사용해 다른 이들을 다듬어가시는 것이 하나님의 뜻인 것이다. 또 다른 의미에서 교회 재활성화 사역에 인생을 바치는 사람들은 성경의 이 성인들에 대해 더 확실한 공감대를 형성할 수 있다. 그들보다 역경의 정도는 약할지 몰라도 고립감은 더 강할 수 있다. 고통의 정도는 더 격렬하지 않아도 우리에게 종종 몰려오는 좌절감의 먹구름 아래서 더 가혹하다고 느낄 수 있다. 목회자들이여, 혼자가 아니니 조롱과 비난을 받을 때 부디 용기를 잃지 말고 자신감을 가지라.

2장

교회사에 등장하는 인내한 설교자들

역사적으로 유명한 설교자 중에 지금까지 사람들에게 칭송받는 이들이 당시 교회에서도 같은 사랑을 받았으리라고 생각하기 쉽다. 하지만 교회사를 조금만 살펴보더라도 이런 생각이 얼마나 착각인지 알 수 있다. 실제로 우리가 지금 그들을 인정하는 이유는 그들이 큰 어려움 속에서도 끝까지 신실함을 잃지 않았기 때문이다. 누구나 고난과 어려움을 당하지만 모든 사람이 끝까지 신실함을 유지하지는 않는다. 끝까지 견디고 견실하도록 우리를 도와주시려고 하나님이 도구로 사용하시는 한 가지가 있다면, 끝까지 견디며 신실했던 구름처럼 허다한 과거의 증인들이다. 목회적 신실함과 관련한 세 가지 그림을 살펴보기 전에 이런 어려움을 서술한 마르틴 루터의 글을 통해 그 배경을 확인해보자.

> 말씀을 전하는 일은 얼마나 힘든 일인가. 실제로 하나님 말씀을 전하는 일은 스스로 지옥 화염과 사탄의 분노에 뛰어드는 것이다. 즉 세상 모든 권세에 대항하는 일이다. 이처럼 사탄의 수많은 이빨에 자신을 내던지는 것은 인생에서 가장 위험한 일이다.[1]

적대감을 견디다: 찰스 시미언

역사적으로 힘들고 어려운 분야에서 수고를 아끼지 않고 땀 흘린 수많은 사람의 사정은 오직 하나님만이 알고 계시지만 자기 교구민들로부터 찰스 시미언Charles Simeon이 겪어야 했던 격렬한 적의에 견줄 사연은 기록상으로는 거의 찾아볼 수가 없다. 교구민들과 그의 관계는 처음부터 순조롭지 않았고 그 이후로 계속 악화 일로를 걸었다. 교회 측의 반발에도, 1782년 11월 주교는 시미언을 케임브리지 소재 홀리 트리니티 교회 사역자로 임명했다. 그를 지명하기까지 몇 개월 동안 교구민들은 그를 반대하는 데서 그치지 않고, 주교에게 부목사 격인 존 해먼드를 사역자로 임명해달라고 줄기차게 간청했다. 해먼드는 보조자로 잠시 이 역할을 맡은 적이 있었고, 교구민들은 그를 원한다는 의사를 분명히 전했다.

그들은 간청을 거부당하자 정치적 모략을 동원해 주교를 조종하려고 시도했다. 당시 사역자의 주된 수입원은 교회의 설교였다. 설교는 거의 항상 사역자가 떠맡았지만, 교구민들은 주교의 임명과 별도로 설교자를 선택할 수 있는 권리가 있었다. 시미언을 임명하려는 주교의 의지를 확인한 교구민들은 누구를 사역자로 임명하든지 설교의 권한과 그에 따른 주된 수입원을 해먼드에게 주겠다고 위협했다.

논쟁이 가열되는 것을 알고 시미언은 화해를 청하며 언제라도 교구민의 편에 서겠다는 의사를 피력했다. 심지어 이 일로 주교에게 서신을 쓰는 방안을 생각하기도 했다. 결국 그는 교회의 탄원에 대한 주교의 반응을 기다리고 그의 결정을 받아들이기로 했다. 주교는 교회의 위협에도 포기하지 않고 시미언에게 사역자의 직책을 주었다. 더 나아가 그가 그 직을 받아들일지 여부와 상관없이 해먼드를 임명하지 않겠다는 뜻을 시미언에게 분명히 했다.

관련 당사자는 모두 그동안 자신이 주장한 바를 고수했다. 요크 주교는 시미언을 사역자로 임명했고 시미언은 그 직을 받아들였다. 교구민들은 해먼드를 설교자로 임명했다. 해먼드는 매주 주일 오후에 설교하고 그에 대한 수고료를 받았다. 데릭 프라임^{Derek Prime}은 그 상황을 잘 포착해서 보여준다. "이보다 사역을 시작하기가 더 힘든 경우는 없을 것이다. 교구민들은 대놓고 적대감을 드러냈다. 시미언을 임명한 데 분노가 거셌기 때문에 그는 사람들을 심방한다는 것조차 생각하기 어려웠다. 아무도 그를 집에 받아들이려 하지 않았다."[2]

적대감의 강도 못지않게 적대적 반응이 지속된 기간 역시 대단했다. 전기 작가인 핸들리 모울^{Handley Moule}은 "시미언이 활동하고 영향력을 발휘하지 못하게 막는 공격은 실로 길고 고통스러웠다."[3] 주일 아침 설교할 책임이 있었지만 교구민들은 그를 저지했다. 출석을 거부하고 심지어 교회 좌석을 사용하지 못하도록 교회 가족석을 봉쇄하기까지 했다. 시미언이 사비로 장의자와 좌석을 사들였지만 교구 위원들이 밖으로 내동댕이쳤다. 몇 개월 후에 주일 저녁 성경 강의를 시작했지만 역시 교구 위원들이 그를 저지하려고 시도했다. 그가 들어오지 못하게 문을 닫았고, 어떤 경우에는 문을 걸어 잠그고 열쇠를 가지고 가버린 적도 있었다. 이런 반발은 십 년 이상 계속되었다. 해먼드는 5년간 설교자로 일했고 이후 그 일을 시미언이 아닌 한 교구민의 아들에게 물려주었다. 시미언이 이 일을 실제로 맡아 이행했을 때는 사역자로 임명받고 12년이 지난 1794년에야 가능했다.

이렇게 노골적인 적대적 반응에 시미언은 어떻게 대처했는가? 그는 갚아주려 하지 않았다. 인내심을 갖고 끈질기게 말씀을 설교했다. 그의 정신적 스승인 헨리 벤Henry Venn은 그의 상황을 확인하러 갔다 온 후 이렇게 썼다. "그는 일주일에 두 번 설교한다…그리고 그의 설교를 듣는 사람들은 정말 놀라운 영혼의 소유자다. 자비롭고 사랑이 넘치며 의로운 사람들이다."[4] 시미언은 매일 주일 아침 강대상에 올라가 하나님의 말씀을 설명하고 풀이했다. 극히 드물기는 하지만 다른 교회 교구를 방문해 커다란 홀에서 주일 저녁 강의를 하기도 했다. 한 걸음 더 나아가 시미언은 어떤 마음의 원망이나 분노도 없이 주를 온전히 신뢰하고 주님께 자신을 의탁했다. 그는 50년 이상 신실하게 성경 말씀을 설교하고 가르쳤다. 그의 사역의 핵심은 성경의 모든 책에 대해 장별 주석과 설교 개요가 담긴 21권짜리 설교집 *Horae Homileticae*에 선명하게 드러난다. 시미언이 한 말은 강력한 만큼이나 인상적이다.

> 행동에 나서기보다는 차라리 고난을 겪기를 원했다. 고난으로는 정의로워질 수밖에 없기 때문이다. 하지만 행동으로는 쉽게 오류를 범할 수 있다. 게다가 겸허히 배우는 자세로 고난을 겪으면 대적들은 의도치 않게 반드시 내게 유리한 방향으로 작용할 수밖에 없다. 하지만 행동으로 나의 영을 지나칠 정도로 행사하면, 내가 내세우는 대의명분이 아무리 정당해도 내 영혼은 상처받을 수밖에 없다.[5]

하나님께 가장 크게 인정받은 성도들은 확실히 여러 부분에서 믿음의 시련으로 많은 훈련을 받았다. 또 간절히 은혜를 구하며 가장 열심히 기도하는 이들이 가장 빈번하게 고난받는다. 예를 들어 믿음, 소망, 인내, 겸손 등은 행동과 실행에 여러 은혜를 불러일으키

는 시련으로만 우리 안에서 이루어진다. 이런 훈련을 통해 그들은 강건해지고, 인정을 얻는다.[6]

[하나님은] 내 마음의 진정한 소망이 무엇인지 알고 계신다. 오직 그분의 뜻을 이루기만을 소원했을 뿐임을 알고 계신다. 나는 박해를 거부하지 않는다고 수도 없이 말씀드렸다. '그리스도 안에서 경건하게 살고자' 하는 모든 자, 특별히 그리스도를 충심으로 전하려는 모든 이는 반드시 감당해야 할 몫이라고 생각했기 때문이다.[7]

목회자들이여, 시미언의 모범과 증언에 도전과 용기를 얻기를 바란다. 적대적인 회중과 대면하더라도 선을 행하는 일에 지치거나 낙심하지 말자. 하나님은 때가 되면 열매를 거두게 하실 것이다.

<u>무관심하고 냉소적인 반응을 견디다:
조나단 에드워즈</u>

1741년 7월 8일 에드워즈는 코네티컷 엔필드에서 역사상 가장 유명한 설교 중 하나로 평가받는 설교를 하였다. 뉴잉글랜드와 주변 모든 지역에서 부흥의 바람이 거세게 몰아치고 있었지만, 이 마을은 이른바 무풍지대처럼 아무 반응도 보이지 않았다. 일단의 목회자들은 하나님의 특별한 역사에 저항하는 악명 높은 그 마을의 일에 나서기로 했다. 일설에 따르면 조나단 에드워즈$^{Jonathan\ Edwards}$의 설교는 원래 예정에 없던 일이었다. 하지만 그는 섭리에 따라 설교자로 나서서 말씀을 전했다. 이 설교는 그 마을에 부흥의 불길을 타오르게 한 도화선이 되었다.

한 목격자의 지적에 따르면, 교회 건물로 줄지어 들어온 사람들은 "아무 배려심도 없고 허세가 심해서" 심지어 "기본적인 예의"를 갖추고 서로 대하지도 않았다고 한다.[8] 일차 대각성 운동의 특징이었던 자발성과 세심한 주의력이나 진지한 태도가 별로 엿보이지 않았다. 그러던 중 에드워즈가 설교를 시작했다. 하나님께 맞서는 패역한 죄인으로서 인간이 처한 끔찍한 곤경을 언급하며 인간은 매 순간 지옥의 불에 떨어져야 마땅하다고 했다. 에드워즈는 "하나님은 영원한 파멸에서 [한 사람을] 한순간이라도 지켜주셔야 할 어떤 의무도 없으시다"라고 경고했다. 그리고 이어서 이렇게 말했다.

그 비참한 세계, 그 유황불이 타고 있는 불 못이 여러분 발밑에 펼쳐져 있습니다. 하나님 진노의 불꽃으로 활활 타오르는 무서운 구덩이가 있습니다. 지옥이 입을 크게 벌리고 있습니다. 그런데 여러분은 서 있을 곳도 없고 붙잡을 것도 없습니다. 여러분과 지옥 사이에는 허공만 있을 뿐입니다. 오직 하나님의 권능과 하나님을 온전히 기뻐하는 것만이 여러분을 붙들어줄 수 있습니다.[9]

생생한 심상과 깔끔한 설명으로 하나님은 사람들이 처한 실제 상황을 보게 하셨고, 그리스도 안에 있는 놀라운 은혜를 깨닫게 해주셨다. 에드워즈가 설교하는 도중이었지만 사람들의 울음소리가 너무나 커서 설교를 멈추어야 했고, 그동안 다른 목회자들이 회중 가운데서 개별적으로 사람들과 기도하며 그리스도에 대한 구원의 믿음을 고백하도록 이끌었다.[10]

이 설교는 교회 역사상 가장 유명한 설교 중 하나가 되었지만, 에드워즈가 몇 주 전에 같은 설교를 노샘프턴의 교인들을 상대로 했다는 사실을 아는 사람들은 별로 없다. 이미 부흥 운동을 누리고 있던 그의 교회는 이 메시지에 매우 다른 반응을 보였다. 소리 내어 울거나 통곡하지도 않았고 극적인 반응을 보이거나 기억에 남을 효과를 거두지도 않았다. 평상시처럼 충실한 말씀 강해에 대한 일반적인 반응을 보였을 뿐이었다. 어떤 이들은 그들을 옹호하는 차원에서 에드워즈가 자기 교인들에게 설교할 때 설교 내용과 적용 방식이 매우 달랐다는 점을 지적한다. 엔필드에서는 혼신의 열정을 쏟아 사람들에게 호소했던 것과 달리 계속해서 회개하고 믿음을 지켜나가라는 목회적 당부로만 끝났다는 것이다. 이런 차이를 무시하는 것은 아니지만, 이를 통해 이들이 에드워즈가 이들에게 베푼 선물을 어떻게 과소평가했는지 분명히 알 수 있다.

또 이 일화에서 노샘프턴에서 보낸 에드워즈의 사역 말년이 어땠을지 가늠해볼 수 있다. 많은 사람이 에드워즈를 "진노하시는 하나님의 손안에 있는 죄인"이라는 유명한 설교를 한 사람으로만 알고 있지만, 학자들과 역사가들은 그를 미국의 가장 뛰어난 신학자로 보며, 가장 탁월한 지성인 중 한 명으로 꼽는다. 이렇게 비범한 재능을 갖춘 사람임에도, 그의 교회는 20년이 넘게 사역자로 섬긴 그에게 사퇴를 종용하는 투표를 했다. 그가 사퇴하게 된 배경이나 상황이 그렇게 단순하지만은 않지만, 그 상황을 돌이켜 살펴보면 교인들이 그의 설교에 냉담하게 반응했음이 분명하다.

그는 많은 사람에게 존경받는 유명한 조부 솔로몬 스토더드 Solomon Stoddard 아래서 강도사로 섬겼다. 1729년 조부의 사망 이후 20대 중반의 에드워즈는 이 교회의 목회자로 섬기기 시작했다. 그다음 10년 동안 하나님은 이 교회에서 놀라운 역사를 일으키셨다. 1734년 12월부터 1735년 중반까지 누구도 부정할 수 없는 성령의 역사로 수백 명이 회심을 경험했다.[11] 그의 사역으로 큰 부흥의 결실을 거두었고 그들은 10년 넘게 특별한 축복의 놀라운 시절을 누렸다.

그런데 결국 분쟁의 먹구름이 덮치고 말았다. 에드워즈는 계속 성경을 연구하던 중 오직 진정한 성도만이 성만찬에 참여해야 한다는 확신에 이르렀다. 교회는 스토더드가 목회하던 시절부터 지켜온 누구나 성만찬에 참석시키는 관행을 거부하는 움직임을 절대 인정하려 들지 않았다. 2년간의 갈등 끝에 교회 사역 위원회는 교인 중 10퍼센트만이 그가 계속 사역하기를 바란다는 것을 확인하고, 1750년 여름에 그의 사임을 결정했다.¹² 성만찬 참여 자격 문제가 핵심 쟁점이었지만, 마스덴Marsden은 "이 문제가 불거졌을 때 그동안 억눌린 교인들의 분노가 폭발했다"¹³라고 지적한다. 교회에 오래 다닌 많은 교인과 전임 목사인 스토더드를 지지하는 세력은 에드워즈가 조부의 유산을 망쳐버린 오만한 후임이라고 생각했다. 에드워즈는 자신의 실수와 실패로 분쟁이 일어났음을 인정했다. 하지만 그것으로 그에 대한 사람들의 분노를 잠재우기에는 역부족이었다.

이렇게 그는 20년간 섬겼던 노샘프턴의 사역을 씁쓸하게 마무리하면서 고린도후서 1장 14절로 '고별 설교'를 했다. 존 파이퍼John Piper는 이 설교를 그동안 알려진 설교 중에서도 최고의 역작이라고 극찬한다.¹⁴ 괴로운 마음으로 이곳의 사역을 마무리하는 와중에도 그는 성실하게 하나님의 말씀을 해석하고 설명하는 일을 계속했다. 그가 끝까지 견디는 모습을 보면, 미국 역사상 가장 위대한 설교자이자 신학자였던 한 사람이 어떻게 섬기던 교회에서 해고됐는지 이해하기가 더 어렵다.

그의 목회 생활과 조기 퇴임의 세부 내용은 복

잡했다. 교인들이 매사에 냉담하게 반응했다고만 말한다면 때로 매우 알차고 즐겁게 사역한 적도 있을 테니 사실을 왜곡하는 셈일 것이다. 그러나 스티븐 니콜스Stephen Nichols가 지적하듯이, 에드워즈는 "아마 목회자가 겪을 수 있는 가장 심한 낙심은 연신 하품과 탄식을 쏟아내는 회중을 상대로 복음을 위해 사랑의 수고를 하는 것"[15]임을 알았다. 결국 지난 3백 년 가운데 가장 위대했던 강단 사역이 교회와의 불화로 조기에 끝나고 말았다. 교인들은 그의 사임을 지지할 정도로 그의 설교에 대한 애정이나 미련이 있지 않았다. 그러나 그의 생애 말년은 절대 헛된 시간 낭비가 아니었다. 그는 인디언을 대상으로 사역하고, 최고라고 평가받는 신학 논문도 이 시기에 작성했다. 노샘프턴의 강단을 잃는 고통은 겪었지만, 교인들을 향한 따뜻한 사랑과 하나님에 대한 흔들림 없는 확신은 잃지 않았다.

목회자들은 무정하고 냉담한 회중을 마주할 때라도 선을 행하는 데 지쳐서는 안 된다. 때가 되면 하나님이 열매를 거두게 해주실 것이다.

역경을 견디다: 찰스 스펄전[16]

교회 역사가들이 스포츠 저널리스트처럼 분야별로 명단을 만든다면 설교에 관한 한 당연히 그리스도와 사도들을 제외하고 찰스 스펄전(Charles H. Spurgeon)이 시대를 통틀어 가장 위대한 설교자일 것이라는 데 많은 사람이 동의할 것이다. 십 대에 설교하기 시작한 그는 그 비범한 은사를 거의 즉각 인정받았고, 20세가 되기 전에 6백 편이 넘는 설교를 했다. 그리고 19세에 런던에서 가장 큰 침례교회인 뉴파크 스트리트 채플의 목회자가 되었다. 교회는 급속도로 성장했고 늘어나는 교인을 수용하기 위해 여러 시설을 빌려야만 했다. 사역을 시작한 지 7년 후 새로운 대지를 마련하여, 메트로폴리탄 태버내클 교회를 건축했고 이곳에서 30년 넘게 사역했다.

스펄전의 설교는 이 거대한 교회 건물을 가득 메운 사람 5천 명만 들은 것이 아니었다. 그들은 그의 설교를 20개 언어로 번역하여 대략 매주 2만 부를 판매했다. '설교의 황태자'라고 불리는 그의 설교 모음집은 "기독교 역사상 단일 저자로는 가장 방대한 도서 모음"[17]이라고 평가되었다.

그렇다고 오해하지는 말라. 이런 여러 수치로 보면 그의 사역이 아주 순조로웠을 것으로 보이지만 실제로는 전혀 그렇지 않았다. 외견상으로 성공한 사역이라도 시련과 고난에서 면제되는 것은 아니다. 실제로 이런 유명세로 받지 않아도 될 어려움에 부딪히는 경우가 종종 있었다. 이유가 무엇이건 그는 바울처럼 "사방으로…밖으로는 다툼이요 안으로는 두려움이었노라"고후 7:5고 고난에 대한 글을 쓸 수밖에 없었다. 그는 이런저런 면에서 상상할 수 있는 거의 모든 형태의 고난을 경험했다.

일약 유명 인사가 되고 대대적인 인기를 얻었는데도, 공개적인 비난과 혹평을 받을 때가 적지 않았다. 한 신문 기사에는 단정적으로 그를 비난하는 글이 실렸다. "그는 우리가 믿는 신성한 종교의 가장 엄숙한 모든 신비를 무례하고 거칠고 불경하게 다루고 있다. 상식이 모욕당하고 품격이 조롱당하고 있다. 그의 시끄러운 연설은 상스러운 예화들로 점철되어 있다." 이런 공격이 너무나 만연해서 그의 아내가 1855과 1856년부터 그 기사들을 모아 스크랩북으로 만들 수 있을 정도였다.[18] 20년 후에 그는 이렇게 말했다. "그 사람들이 했던 말처럼 사람들이 나에 대해 더 최악의 말을 할 수는 없을 것이다. 나는 머리부터 발끝까지 중상모략의 대상이었고 마지막 한 점까지 곡해와 왜곡을 받았다."[19]

이런 공격과 비난은 수위를 넘나들며 계속되었고, 1880년대 후반 다운그레이드 논쟁_{하강 논쟁}으로 침례교 연맹에서 탈퇴하면서 최고조에 이른다. 그는 교리상으로 충실함을 견지하지 않으면 정통 교인들이 교리상으로 타협하게 되리라고 주장하며, 이런 타협을 받아들이려는 이들과의 연합을 완강히 반대하는 입장을 취했다. 당시 세계에서 가장 유명한 설교자였던 그가 지금은 선지자로 인정받지만, 자신이 속한 기관의 형제들을 설득할 수는 없었다. 그들은 계속해서 타협의 길로 걸어갔고, 그가 연맹을 탈퇴하고 몇 개월 후에는 그를 공개적으로 비난하는 안에 찬성표를 던졌다. 그의 형제들은 상처를 준 것도 모자라 그를 모욕하며 결국 교리적 타협안을 채택한 연맹의 움직임을 지지했다.

이런 모든 상황이 분명히 몹시 어려운데도, 그를 가장 깊은 시름에 빠뜨린 한 가지 사건이 1856년 10월 19일에 일어났다. 로열 서리 가든의 뮤직홀에서 만 명이 넘는 사람들 앞에서 설교하려고 자리에서 일어났을 때 군중 가운데 누군가가 "불이야"라고 소리를 질렀다. 현장은 순식간에 아수라장이 되었고, 일곱 명이 압사당하고 수십 명이 부상했다. 많은 사람이 그를 비난했다. 그는 그로 인해 심한 충격을 받고 몇 개월 동안 설교를 할 수 없었고, 심지어 설교를 그만둘 생각까지 했다. 수십 년이 흐른 뒤에도 그 고통스러운 기억은 죄책감과 책임감과 함께 외상 후 스트레스 장애처럼 그를 반복적으로 괴롭혔다.[20]

고통스러운 가정의 생활 환경 역시 스펄전에게 큰 심적인 부담감으로 작용했다. 아내 수산나는 1856년 쌍둥이 형제를 낳고 그 뒤로 더는 자녀를 낳을 수 없었다. 그녀는 30대 중반부터 건강이 심각하게 악화하여, 스펄전의 마지막 25년간의 사역 기간에는 남편의 말을 거의 들을 수 없을 지경이 되었다.

외부와의 갈등도 모자라 그는 내부의 육신적 고통, 구체적으로 통풍, 관절염, 신장병과 같은 질병과도 싸워야 했다. 통풍이 처음 발병한 시기는 30대 중반으로, 세월이 흐르면서 증상이 더욱 심해져서 한 번에 몇 달씩 회복을 위해 강단 사역을 쉬어야 했다. 불과 57세의 나이로 사망했을 때 그는 질병으로 쇠약해진 몸을 회복하기 위해 프랑스에 체류하고 있었다.[21] 예리한 지성의 소유자이자 쩌렁쩌렁하게 울리는 생생한 목소리를 가진 이 사람은 실상 전혀 슈퍼맨이 아니었고 런던에서 사역하는 내내 병약함을 보여주었다.

내부의 곤경은 생리적인 문제에만 국한되지 않았다. 스펄전은 '영적인 슬픔'과도 싸웠다. 38년간 한 교회를 책임진 목회자로서 그는 믿음이 없는 신자들을 목양하고 많은 회중을 이끌면서 겪는 사소한 낙심을 잘 알았다. 하지만 그의 '정신적 불행'은 훨씬 심각했다. 우울증의 먹구름이 처음 그를 덮쳤을 때는 24세로, 그는 자신의 영혼이 "완전히 침체하여 어린아이처럼 몇 시간이고 울 수 있었지만 우는 이유가 무엇인지 알지 못했다."[22] 이 싸움은 그의 일생 지속되었고, 때로 하나님이 자신을 버리셨다는 절망감에 사로잡히기도 하고, 때로는 하나님이 자신을 치고 계신다는 생각에 고통스러운 몸부림을 치기도 했다.[23]

이런 모든 고통에도 스펄전은 메트로폴리탄 태버내클의 목회자로서 끝까지 노력을 포기하지 않았다. 그의 이력을 얼핏 보면 그가 사역의 일상적인 시련에 크게 영향받지 않고 인생의 항해를 끝까지 감당했다고 생각하기 쉽다. 하지만 그런 생각은 완전히 잘못되었다. 목회자들이여, 험한 산처럼 거대한 역경을 만나더라도 선을 행하되 낙심하지 말라. 때가 되면 하나님이 열매를 거두게 해주실 것이다.

낙심하지 말라

이들 외에도 이런 사례는 더 찾을 수 있다. 장 칼뱅John Calvin의 제네바 사역은 무서운 협박에 가까운 파렐의 유명한 권면으로 시작되었다. 하지만 칼뱅은 교회 측의 해고로 이 사역을 3년 이상 중단했다가 망설이고 나서 다시 돌아왔고, 그 뒤로 10년 이상 이어진 반발과 저항에도 사역을 포기하지 않았다. 오늘날 칼뱅의 이름이 논쟁의 대상이라고 생각한다면, 16세기 중반 제네바에서 살아보면 생각이 달라질 것이다. 그러나 그는 끝까지 견디며 인내했다.

조지 휫필드George Whitefield의 놀랍도록 효과적인 설교 사역은 많은 반발에 부딪혔다. 교인들은 설교 도중에 고양이 사체를 그에게 집어 던지기도 하고, 교회 지도자들도 그를 비방하고 공격했다. 그는 런던의 한 주교가 수많은 일탈 집단과 그와 비슷한 점을 부각하며, '온갖 형태의 악행'을 지적하며 거짓으로 무고하는 소리를 들어야 했다. 심지어 "'근친상간과 살인죄를 저지른 가장 악명 높은 자들'과도 비교하는 소리를 듣고 있어야 했다."[24] 하지만 그는 묵묵히 그 시간을 견뎠다.

잘 알겠지만 적대감, 냉담한 무관심, 역경은 과거에 국한된 어려움이 아니다. 지난 100년간 저명한 모든 강해 설교자가 각자의 몫에 해당하는 이 세 가지 고통을 경험했다. 존 맥아더[John MacArthur]는 자신이 훈련하고 있던 젊은 목회자 집단의 저항에 부딪히고, 그로부터 몇 년 동안 한 장로의 사임 요구에 시달려야 했다.[25] 존 파이퍼[John Piper]는 암과 '교만이라는 종'과 싸워야 했다.[26] 신약 학자 도널드 카슨[D. A. Carson]의 아버지로 상대적으로 덜 알려진 인물인 톰 카슨[Tom Carson]은 많은 수고에도 제대로 부각되지 않았다.[27] 그러나 이들은 모두 끝까지 참고 견뎠다.

지금까지 거론한 이들은 교회 역사상 하나님의 말씀을 선포하다가 저항과 반발에 부딪힌 무수한 사람 중 불과 몇 명에 지나지 않는다. 서로 처한 상황이 달랐고, 우리가 처한 상황과도 다를 것이다. 우리의 목표는 그들 중 누군가와 같아지거나 겨루는 게 아니라 진리의 일면을 보는 것이다. 어떤 설교자는 유명해지고 인정받겠지만, 어떤 이는 무명인 채로 여전히 세상에 드러나지 않을 것이다. 어떤 이는 전형적인 강해 설교를 할 것이고, 어떤 이는 본문 중심의 강해를 할 것이다. 특출한 재능을 선보일 사람도 있을 테고, 평범한 은사를 지닌 이들도 있을 것이다. 하지만 하나님의 진리를 선포하려는 결심과 끝까지 견뎌야 할 필요 앞에서 우리는 모두 하나로 연결되어 있다.

같은 형제 된 목회자들이여, 여러분은 혼자가 아니다.[28] 여러분의 싸움은 예상 밖의 일도 아니고 독특하지도 않다. 앨버트 몰러^{Albert Mohler}는 신실한 설교에 대한 우리 소명이 지닌 위험성과 어려움을 통찰력 있게 요약해서 보여준다.

> 이 일을 하다 보면(설교), 당신은 이 일 특유의 혐오스러운 방식 때문에 곤경에 빠질 수 있다. 더 신실하게 설교에 임할수록 더 많은 어려움에 빠지는 것처럼 보인다. 그 이유는 무엇인가? 말씀을 선포하면 갈등이 생기고 말다툼하게 된다. 사실 당신은 주어진 말씀을

선포할 뿐이지, 당신의 힘으로 그것을 찾아낸 것은 아니다. 개인적 의견도 아니고 사람들의 마음을 상하게 하려고 지어낸 말도 아니다. 단순히 하나님이 주신 말씀을 선언할 뿐이다. 무엇보다 그것은 당신이 마땅히 감당해야 할 사명이다. 그러므로 당신이 선언하는 것은 진리다. 그다음으로 알아야 할 점은 당신에 관한 사항이 신문 일 면에 등장하게 된다는 것이다. 당신은 집사들이 험담하는 대상이 된다. 또 청년들은 당신이 한 말을 두고 들고 일어날 태세를 보인다. 갈등과 말다툼은 항상 힘들며, 설교의 신실함과 관련 있을 때가 많다. 말씀 선포에 성실할수록 위험성은 커지고 기회도 많아진다.[29]

"우리가 선을 행하되 낙심하지 말지니 포기하지 아니하면 때가 이르매 거두리라." 갈 6:9

2부

설교를 싫어할 빌미를 주지 말라

3장

책망받기 마땅한
부실한 설교

조소와 빈정거림은 하나님 말씀을 선언할 때 그 백성이 보일 적절한 반응이 절대 아니다. 우리는 가물었던 땅이 여름철의 비를 흡수하듯이 설교를 들이켜야 한다. 그렇다고 맹목적이고 순진하게 이런 설교를 받아들여야 한다는 뜻은 아니다. 분별력을 발휘해 말씀을 들어야 하며 부실한 설교를 분별할 줄 알아야 한다. 이 경우, 온유한 태도와 사랑으로 잘못된 설교를 비판하고 지적할 의무가 있으며, 심지어 책망할 줄도 알아야 한다. 물론 그 설교자를 세우고 궁극적으로는 교회를 키우는 것이 목표여야 한다. 불완전한 목자들의 목회를 받는 경건한 성도들이 이런 책임을 지고 훈련함으로써 설교자와 회중이 유익을 얻는다.

나제임스는 사역하다 있었던 한 만남을 절대 잊지 못한다. 어느 주일 오전에 성경의 내러티브 본문으로 2부 예배 중 1부 예배에서 설교했다. 정확한 본문은 기억나지 않지만, 예배 직후 한 신앙심 깊은 여성과 나눈 대화는 또렷이 기억하고 있다. 이 시간대에 늘 하던 방식대로 나는 본문의 줄거리를 대강 살펴보고, 단락별로 내용을 요약한 후 이 내용을 지지하는 성경 본문을 전부 혹은 일부 읽는 식으로 설교했다. 폐회송이 끝나고 나는 예배당 앞으로 나와 교인들과 인사를 나누었고, 1부 예배에 참석한 교인들은 떠나고 2부 예배를 드리러 오는 교인들로 예배당이 다시 채워지고 있었다. 그런데 잘 알고 지내던 한 부인이 그리스도처럼 온화하고 겸손하며 따뜻한 모습으로 설교에 대한 자기 생각을 이야기해도 되는지 물었다. 한눈에 봐도 그녀는 매우 긴장하고 있었다. 내게 가까이 다가오던 그녀에게서 약간 불편한 기색이 보였지만, 그녀는 나와 꼭 대화를 나누어야 한다고 생각하는 것 같았다.

그 여성의 생각을 전하기 전에, 그때까지도 교인

들이 내 설교 사역을 크게 반기는 분위기가 아니었다는 점을 먼저 말해두고 싶다. 7장에서 나의 사정을 더 자세히 나누겠지만, 일단 여기서는 교인들의 찡그리고 비웃는 듯한 표정을 보는 일은 예사였고, 내가 많은 비판을 들어왔다는 것과 그런 반응에 점점 무뎌지고 있었다는 점만 언급해두려고 한다. 나는 이전에 들었던 방식으로 그녀가 나에 대한 비판을 늘어놓으리라고 예상했고, 그 상황에서 설교에 대한 비판을 들을 기분이 전혀 아니었다. 무례하게 몸짓으로 그녀에게 거부 의사를 밝힐 정도로 어리석지는 않았지만, 마음으로 그녀를 거부했다. 지금 생각하면 새삼 부끄러운데, 나는 다음과 같은 방식으로 생각하고 있었다. '자매님, 저는 설교학 박사학위가 있습니다. 자매님은 이미 제가 알고 있는 사실을 지적하시든지 아니면 들어도 별 도움이 안 될 지적을 하시겠죠. 저를 조롱하고 비판하는 데 목소리를 보태시겠지만, 저는 의연히 서서 정중하게 고개를 끄덕이며 아무렇지 않게 진지한 표정을 잃지 않으면서 친절한 말로 당신을 예의 바르게 대할 겁니다.'

그러나 대화는 내가 작정한 대로 흘러가지 않았다. 하나님은 그녀를 사용하셔서 나의 설교 방식을 다듬으시고, 내 마음을 새롭게 하셨다. 그녀의 건설적인 지적을 내 식으로 풀어 써보자면 이렇다. "설교하실 때 성경 본문에 대해 설명하시기 전에 먼저 성경 본문을 읽어주세요. 그래야 성경 말씀을 중요하게 느끼고, 목사님의 설명이 부차적이라는 것을 알 수 있어요. 본문을 잘 설명해주셔서 감사해요. 유익하기도 하고요. 하지만 성경 말씀이 먼저라는 것을 보여주세요." 그녀의 지적은 확실히 옳았다. 그렇게 분명하게 지적해줘서 너무나 고마웠다. 그녀는 얼굴을 찌푸리거나 비웃지 않았다. 다만 사랑을 실천하고 있었다. 강해 설교라는 개념으로 보면 나의 접근 방식이 옳다고 항변할 수 있었지만, 내가 설교를 전달하는 방식은 어떤 부분에서는 '잘못되어' 있었다.

이 일화는 건전한 신학을 정립하고, 제대로 된 훈련을 받았으며, 하나님을 높이려는 순수한 열망을 지닌 목회자라도 잘못된 설교를 할 수 있다는 점을 잘 보여준다. 때로 전체 설교 내용을 꼼꼼히 점검할 필요는 있지만, 단순히 소소한 부분만 고치면 될 때도 있다. 설교학 이론을 제대로 숙지하지 못했거나 설교 준비가 미흡하거나 내용이 충분하지 않거나 전달 방식이 효과적이지 않을 수 있다. 그러나 매주 회중 앞에 서서 순수한 마음으로 성경적 사상을 이야기하는 것만으로 우리가 사역을 성실하게 감당하고 있다고 자신해서는 안 된다. 적대감, 무관심과 냉소, 곤경은 종종 하나님 말씀의 진리 앞에서 신경질적 반응을 보이는 불의한 자들로 인해 경험하게 될 것이다. 이 어려운 일을 하는 데 끝까지 견딜 수 있도록 잘 준비돼 있어야 한다. 하지만 설교에 대한 모든 부정적 반응을 근거 없는 조롱이나 짜증으로 치부하기 전에 지적하는 방식에 부적절한 면이 있더라도, 그것이 우리가 하는 잘못된 설교에 대한 반응일 가능성을 늘 염두에 두어야 한다.

설교는 개인과 교회를 위한 하나님 사역의 필수 도구이기 때문에 교회에서, 특히 재활성화라는 상황에서 잘못된 설교와 조롱하는 회중이라는 건강하지 못한 조합이 일어나지 않도록 특별히 조심해야 한다. 그렇다면 우리가 통제할 수 있는 것부터 해결하도록 하자.

설교의 필요성

설교는 목회자라면 모두 꼭 해야 하는 일의 하나

다. 어떤 목회자는 매주 설교를 하는 데서 기쁨을 느끼지만 어떤 이들은 되도록 설교를 피하고 싶어 한다. 그러나 성경적으로 말해서 목회자가 된다는 것은 설교자가 되는 것이다. 목회자의 사역은 항상 강단 사역이 핵심이었다. 바울은 디모데에게 "내가 이를 때까지 읽는 것과 권하는 것과 가르치는 것에 전념하라"딤전 4:13고 권면했고 "너는 말씀을 전파하라 때를 얻든지 못 얻든지 항상 힘쓰라 범사에 오래 참음과 가르침으로 경책하며 경계하며 권하라"딤후 4:2고 독려했다.

그러므로 설교는 단순히 목회자의 책무 목록에 올라와 있는 수준이 아니라 항상 가장 중요한 순위에 있어야 한다. 대부분 교회는 이 사실을 인정하지만, 교회의 건강과 생명력을 지키는 데 설교가 얼마나 중요한지 알고 있는 이들이 정말 몇이나 되는지 잘 모르겠다. 몰러는 이 점을 분명하게 지적했다. "그렇다고 해서 다른 중요한 우선순위가 없다는 말은 아니다. 절대 타협할 수 없고 움직일 수 없으며 본질적인 하나의 핵심 우선순위가 있고, 그것은 하나님의 말씀을 전하는 것이다."[1]

설교가 목회자에게 가장 중요한 이유는 기독교

에서 설교가 차지하는 위치 때문이다. 존 스토트^{John Stott}가 쓴 유명한 글처럼 "설교는 기독교에 없어서는 안 되는 것이다." 성경에 대한 일관된 설명과 적용이 이루어지지 않는 교회는 생존할 수 없다. 완전히 자취를 감추기까지 몇 세대가 걸릴 수는 있지만 한 교회의 장기적 생존은 충실한 강단 사역과 절대적으로 연결되어 있다. 예수님은 마태복음 7장에서 지혜로운 건축가와 어리석은 건축가를 생생하게 대비하는 그림으로 이 진리를 제시하고 계신다. 하나님 말씀의 터 위에 집을 짓는 사람(혹은 교회)은 기초를 견고하게 한 덕을 볼 것이다. 그분의 말씀을 무시하는 사람(혹은 교회)은 시련과 어려움의 무게를 견디지 못하고 모래성처럼 무너져내릴 것이다.

설교가 없어서는 안 되는 이유는 또한 교회의 일상 목회에서 설교가 차지하는 역할 때문이다. 말씀 선포는 목회 사역의 다른 모든 측면을 뒷받침해주는 역할을 한다. 온전한 제자가 되려면 주일 오전 예배로는 충분하지 않다. 하나님을 경외하는 강단 사역 없이는 어떤 노력도 고전을 면치 못할 것이다. 말씀 사역은 정기적인 교회 집회의 핵심을 형성하며 교회 사역 바퀴의 중심축이 된다. 봉사, 성경 공부 모임, 개별 제자 훈련, 연령별 사역은 바퀴의 살처럼 강해 사역을 확대 적용하며 외부로 향한다. 하나님의 비상한 역사를 방해하는 설교 사역이라면 이런 다른 사역들을 제한하거나 포기하게 하는 역할을 할 것이다. 설교는 절대 교회 사역의 부수적 측면이 아니라 오히려 교회라는 배를 조종하는 키에 해당한다.

마크 데버(Mark Dever)는 『건강한 교회의 9가지 특징 Nine Marks of a Healthy Church』에서 강해 설교가 모든 특징 중 "단연코 가장 중요한 특징인 이유는 강해 설교를 제대로 하면 나머지 모든 특징이 저절로 뒤따를 것이기" 때문이라고 주장한다. 이어서 그는 "강해 설교는 너무나 중요해서 이 강해 설교라는 표지를 놓치면, 나머지 8가지 특성을 제대로 갖춘다고 해도 어떤 의미에서 이 특성들은 오히려 화가 될 것이다"[2]라고 말한다. 설교는 성경 진리라는 우물에서 흘러나와 교회를 적시고 자양분을 공급해주는 중요한 샘이기 때문이다.

마지막으로 설교가 가장 우선되는 이유는 자기 백성 가운데 행하시는 하나님의 특별한 사역에서 설교가 차지하는 역할 때문이다. 성경과 교회사에서 하나님의 모든 놀라운 역사는 신실한 설교로 촉발되거나 진행되었다. 설교는 교회를 위한 꾸준하면서도 일상적인 은혜의 수단이었을 뿐만 아니라 더 나아가 하나님의 부흥 사역에 촉매제 역할을 했다. 마틴 로이드 존스^Martyn Lloyd-Jones가 자신의 대표 저작의 첫 장에서 지적한 대로 "참된 설교의 부활은 항상 교회사에 있었던 위대한 운동의 전령 역할을 했다."[3] 시내산 어귀에서 느헤미야 시대의 백성을 거쳐 사도행전에 기록된 교회의 폭발적 성장과 종교 개혁의 신학적 신실성 회복과 대각성 운동 기간의 교회 확장에 이르기까지 말씀 선포가 항상 하나님의 비상한 역사에 중심 역할을 했다.

실제로 성령은 우리가 볼 수도 없고 제대로 이해할 수도 없으며 미리 볼 수도 없도록 움직이신다는 면에서 바람과 유사한 면이 있다. 이는 예수님이 니고데모와 대화를 나눌 때 설명하신 그대로다.요 3:8 하나님을 움직이시게 할 특정 방법을 우리는 모르지만, 백성을 대상으로 하나님이 행하신 역사를 살펴보면, 말씀 선포와 기도가 하나님이 특별한 은혜를 부어주시는 데 없어서는 안 될 중요한 요소였음을 알 수 있다. 부흥이 일어나는 시간, 환경, 세부 내용은 다양하지만, 부흥이 일어났을 때 항상 말씀에 충실한 강해가 있었다. 이런 사실은 자연스럽게 이 장의 주제로 이어진다. 바로 좋은 설교의 필요성이다.

그렇다면 실제로나 성경적으로 설교는 꼭 필요하다. 그러나 역시 매주 20-30분(혹은 40-50분) 동안 회중 앞에 서서 영적인 문제에 관해 이야기한다고 다가 아니다. 목회자로서 우리의 소명은 하나님 말씀을 충실하게 선포하는 것이다. 간단히 말해 우리는 더 좋은 설교를 하려고 노력하고, 말씀을 잘 전달하고자 애써야 한다.

좋은 설교란 무엇인가?

지금 나는 가슴살 부위, 통째로 구운 돼지고기, 갈비로 점심을 푸짐하게 먹고 밀려오는 오후의 나른함을 떨쳐내려고 애쓰면서 이 장을 마무리하는 작업을 하고 있다. 몇 년 동안 친구들이 이 요리에 대해 입에 침이 마르도록 칭찬하는 소리를 들었는데, 마침내 댈러스 중심가로 가서 텍사스 방식의 훈제 고기 요리를 먹었다. 상을 수여할 정도는 아니지만, 확실히 실망스럽지는 않았다. 나는 바비큐를 사랑하는 사람으로 어떤 바비큐 요리든 좋아하기 때문에 가장 좋아하는 것을 고르기가 쉽지 않다. 그래도 순위를 매기라고 한다면 두 가지 중요한 조합을 확인한다. 고기 육질이 연하고 맛있어야 하며 소스가 뜨겁고 달콤해야 한다는 것이다. 제대로 구운 바비큐는 뼈와 살이 쉽게 분리되고 향신료의 톡 쏘는 맛이 가미되었으며, 달콤한 소스를 발라 깊은 훈제 맛이 난다. 겨자를 기반으로 한 더 자극적인 소스도 먹을 수 있지만 확실히 나는 단맛을 더 선호하는 편이다.

음식에 너무 지나친 관심을 보이는 것처럼 보일지도 모르지만, 이렇게 바비큐에 관해 장광설을 늘어놓는 이유는 내 마음에(혹은 내 위장에) 항상 바비큐가 있기 때문이고, '좋다'라는 단어가 태생적으로 주관적이라는 점을 설명하는 데 유용한 것 같기 때문이다. '좋다'는 표현은 평가자에 따라 달라지기 때문에 목표를 설정하기가 불가능해 보일 수 있다. 가슴 부위의 고기나 돼지고기의 품질처럼 설교의 질은 듣는 사람에게 달려 있다는 것을 본능적으로 알 수 있다. 즉, 내게 좋은 것이 남에게는 좋지 않을 수 있다. 회중에게 좋은 설교를 규정하거나 설명해보라고 하면 분명히 설교의 전개, 틀, 전달 방식 등 다양한 기준에 따라 각양각색의 반응을 보일 것이다. 이상하게 보일지 모르지만, 우리는 '좋다'는 외견상 주관적인 단어를 의도적으로 선택했다. 바비큐와는 달리 설교의 질을 결정하는 데는 객관적인 근거가 있기 때문이다. 우리의 관심사는 평균적인 교인(켄터키나 텍사스 혹은 어디서든)이 원하는 것을 찾아내거나 가장 많은 사람이 좋아하는 것을 정립하는 데 있지 않다. 그 대신 성경적 이상을 성취하는 정도를 기준으로 설교의 질을 평가할 것이다.

그래도 설교에 대한 성경적 기준을 단일 본문에서 직접적으로 제시할 수 있는 것은 아니다. 수많은 사례와 몇 가지 직접적 권면을 종합해서 판단해야 한다. 분명히 완벽하지는 않지만, 이제부터 성경에서 찾아낸 설교의 다섯 가지 특징에 대한 우리 생각을 제시하고자 한다.

첫째이자 가장 중요한 특징으로, 좋은 설교란 강해 설교라고 할 수 있다. 우리는 존 스토트의 "모든 참된 기독교적 설교는 강해 설교다"라는 선언을 진심으로 지지한다. 하지만 이제 진행할 논증을 위해 그 정도로 단정적인 주장은 일단 미루려고 한다. 그

대신 많은 목회자가 성경 진리를 전하며 청중이 예수님을 바라도록 이끌고, 대략 '기독교적'이라고 말할 수 있는 설교를 하고 있다는 점을 인정하고 들어갈 것이다. 그러나 이런 측면이 강해 설교라는 정확한 개념과 맞아떨어지는 것은 아니다.

어떤 설교는 주제를 중심으로 구성되며, 또 다른 설교는 하나의 성경 본문을 중심으로 다른 본문들을 비교하는 식으로 설교의 가장 중요한 요지와 두 번째 중요한 요지를 구성한다. 성경 진리를 가르치는 한 이런 설교들은 기독교 메시지를 전달하는 효과적인 수단이 될 수 있다. 어떤 의미에서 이런 설교들은 '기독교적' 설교라 할 수 있으며, 효과적이고 강력하다. 실제로 결혼식이나 장례식, 특별한 행사를 치를 때 상황에 맞는 주제별 설교를 할 수 있다. 그러나 역시 우리가 목표로 삼은 것은 단순히 기독교적 내용을 전하는 설교를 하라고 권하는 게 아니라 목회자들이 좋은 기독교적 설교를 준비하고 선포하도록 격려하는 것이다. 이런 유형의 설교는 여러 이유로 이 기준에 부합하지 않는다.

이런 설교들은 진리를 전달할 수는 있지만, 구체적인 하나님 말씀에 근거해 분명하게 그 진리를 전달하는 것은 아니다. 설교자의 말과 하나님 말씀이 확고하게 연결되어 있으면 다른 방법으로 가능하지 않았을 방식으로 설교는 권위와 타당성을 지니게 된다. 나아가 주제 설교와 본문 설교는 인간 중심적 설교로 흘러가기 쉽다. 본문이 설교의 개요를 드러내는 데 사용된다면 본질적으로 그 본문은 인간을 위해 이용당하는 셈이다. 결국 본문을 중심으로 메시지가 온전히 전달되지 않을 때 설교자는 허황한 내용이나 주관적 생각을 전달할 위험성이 커진다. 가끔 성경 진리를 강조하지만 결국 그의 설교는 쓸데없이 장황해지거나 균형을 잃어버릴 것이다.

시간이 흐를수록 이런 식의 문제는 더 악화한다. 몸의 영양 상태와 비교하면 강해 설교를 교회의 주식으로 꾸준하게 섭취할 때 따르는 유익은 더욱 분명해진다. 강해 중심의 설교를 하면 설교자와 청중은 좋아하는 달콤한 사탕 같은 본문이 아니라 채소 같은 어려운 본문을 섭취할 수밖에 없다. 게다가 설교자는 신학교에서 배운 익숙한 요리법 몇 가지를 반복해서 이용하기보다 더 광범위하게 성경 연구에 매진하여 배우는 일을 계속해야 한다. 마지막으로 강해 설교를 통해 청중은 모범적인 삶을 보고 성경을 읽는 법을 배우고 훈련하게 된다. 즉, 설교자가 매주 본문을 이해하고 그 본문을 설명하기 위해 노력하기 때문에 회중은 그의 모범을 지켜보며 말씀을 양식으로 삼는 법을 배운다. 다시 한번 말하지만, 설교자는 성경 본문의 분명한 의미를 드러내고 청중에게 그 본문을 적절히 적용하는 작업을 하지 않더라도 하나님에 대한 진리를 이야기하고 심지어 그리스도에 대한 복된 소식을 제시할 수 있다. 하나님의 진리를 선언할 수 있더라도, 성경 강해를 기반으로 하지 않은 방식은 모두 좋은 설교에 대한 성경적 기준에 부합하지 않는다.

둘째, 좋은 설교는 하나님을 영화롭게 하는 설교다. 설교의 목표는 인생의 모든 영역에 대한 우리의 목표와 같다. 바로 하나님의 영광이다. 설교자가 설교의 방향을 그 밖의 중요하지 않은 것으로 잡으면, 이는 하나님과 교회에 해가 된다. 우리가 설교하는 이유는 단순히 군중을 즐겁게 하고 잃어버린 자들에게 복음을 전하거나 교회를 세우는 데만 있지 않다. 성경 본문을 설명하고 적용하는 이유는 하나님의 무한한 가치를 선포하고 즐거워하는 데 있다. 그렇게 함으로써 잃어버린 자들이 구원받기 위해 하나님께 나아오게 되고, 신자들이 세움을 받는다. 물론 이것은 항상 결과적인 은혜다. 사사기 본문으로 설교하든 바울의 로마서로 설교하든, 설교의 궁극적 목표는 하나님의 영광이다. 이보다 낮은 목표를 위한 설교는 아무리 성경 진리를 전달한다고 해도 좋은 설교가 아니다.

셋째, 좋은 설교는 그리스도를 높이는 설교다. 설교자는 어떤 상황에서든 그리스도를 유일한 소망으로 제시해야 한다. 성경은 수천 가지 이야기를 담고 있지만 실제로는 하나의 긴 이야기를 전한다. 노아, 거대한 배, 요나, 큰 물고기, 예수님이 수많은 무리를 먹이신 일과 같은 개별적인 이야기들은 하나의 거대한 내러티브를 형성한다. 이런 작은 이야기들은 하나님과 인간에 대한 진리를 전달하므로 개별적으로도 유익하다. 하지만 더 중요한 것은 인간 역사를 통해 전개되고 있는 더 거대한 줄거리에 대한 배경과 맥락과 내용을 제공한다는 것이다. 창조주 하나님은 피조 세계에서 중요한 일을 하고 계신다. 이 일은 두 마리씩 쌍으로 짐승을 구하거나 물고기 배 속의 인간을 건지거나 무리에게 점심을 제공하는 일보다 훨씬 더 중요하다.

거대한 이야기가 개별적인 작은 이야기들의 가치를 제한하지는 않는다. 오히려 우리를 변화시키는 데 더 강력한 힘을 발휘할 수 있도록 생생한 생명력을 부여한다. 21세기 상황에서 많은 그리스도인이 마치 이솝 우화를 듣듯이 성경 이야기를 배웠다. 기드온과 삼손과 에스더의 이야기는 도덕적 교훈과 생활의 지혜를 주는 이야기처럼 다가온다. 이솝 우화에서 가장 잘 알려진 것은 아마 토끼와 거북이 이야기일 것이다. 토끼가 자만해서 잠이 드는 바람에 느리지만 쉬지 않고 걸은 거북이가 훨씬 빠른 토끼를 이겼다는 이야기를 모르는 사람이 누가 있는가? 이 이야기의 도덕적 교훈은 확실히 맞다. '빠르다고 항상 경기에서 이기는 것은 아니다.'

독자가 훌륭한 사람이 되도록 교훈과 예시를 주는 이솝 우화이지만, 이것은 성경 이야기와는 전적으로 다르다. 먼저, 성경 이야기는 사실이다. 노아는 실제로 배를 만들고 실제 홍수에서 살아남은 실존 인물이다. 요나는 바다에 뛰어든 실존 인물로 진짜로 물고기가 그를 삼켰다. 기본적으로 성경은 동화책도 아니고, 단순히 도덕성 함양에 필요한 격언집도 아니다.

더 중요하게는 이솝 우화와 성경 이야기는 의도라는 측면에서 근본적인 차이가 있다. 성경은 삶에 필요한 지혜와 그 지혜를 적용한 수많은 부정적이고 긍정적인 사례를 담고 있지만, 이런 이야기를 하는 목적은 도덕적인 인간을 만드는 것보다 훨씬 더 중요하다. 성경은 이런 이야기를 이용해 죄인들을 하나님의 진노에서 구원함으로써, 하나님이 누구신지를 또 이 땅에 그분의 나라를 세우려는 원대한 계획을 드러낸다. 당연히 우리는 지혜로운 삶을 사는 것을 인정하고 격려하며, 우리 자신도 그렇게 살도록 노력해야 한다. 그러나 성경을 꼼꼼히 읽어보면 성경 이야기 속 인물 중에 본받을 가치가 있는 사람은 단 한 명도 없다는 선명한 인상을 받는다. 이런 연약함과 실패의 이야기는 우연한 것이 아니며, 개별 이야기와 전체 이야기의 핵심을 차지한다. 성경에 등장하는 모든 남자와 여자는 철저히 절망스러운 인간의 상태를 드러내며, 유일한 소망이신 하나님을 신뢰하도록 우리를 몰아간다. 그러므로 성경 이야기의 핵심은 우리가 도덕적인 인간이 되도록 격려하는 것이 아니라 오히려 우리의 비도덕성을 드러내고 하나님을 믿을 수밖에 없도록 이끈다는 것이다. 이 이야기들은 단순히 도덕적 삶을 넘어 거룩한 구세주를 바라보게 해준다.

이 거대한 이야기는 모든 면에서 하나님의 기준을 충족하는 지혜로운 삶의 완벽한 모범이신 한 인격에서 정점에 이른다. 물론 그분은 바로 예수님이다. 그러나 예수님조차 우리가 따라야 할 모범으로 먼저 제시되지는 않는다. 오히려 이야기에 나오는 모든 인물과 완전히 다른 분으로 제시되고 있다. 복음서에 나오는 예수님에 관한 이야기는 우리로 그분을 닮도록 요청하는 것이 아니라 우리가 얼마나 그분을 닮지 않았는지를 보여주는 데 주안점이 있다. 그분을 따르고 그 삶을 따라 우리 삶을 형성하라는 요청이 분명히 존재하지만, 그 요청은 우리 죄를 위해 죽으시고 죽은 자 가운데서 살아나심으로 이루신 특별한 사역에 근거한다. 그분은 우리가 우리의 절망적 상태를 인정하고 믿음으로 그분을 영접하며 성령을 받은 후에야 우리 삶의 모델이 돼주신다. 오직 그렇게 한 뒤에야 우리는 그 모범을 따를 능력과 권능을 얻게 된다.

목회자는 단순히 성경을 읽고 위대한 이야기 중 하나를 다시 들려주며 삶의 원칙을 찾아내는 식으로 설교해서는 안 된다. 하나님을 계시하는 창문으로, 우리를 반영하는 거울로, 예수님을 가리키는 그림자로 이 이야기들을 설교해야 한다. 노아나 에스더를 본받는 삶을 사는 것보다 더 상위의 목표로 청중을 인도하고, 그들을 그들 자신보다 더 크신 분께로 이끌어 온전히 그분을 신뢰해야 한다고 요청해야 한다.

넷째, 좋은 설교는 성령이 사람들을 변화시키실 계기가 된다. 설교자, 특히 숙련되고 경험이 많은 설교자는 몇 시간이고 설교할 수 있다. 사람들의 이목을 끌고 감정을 자극하며 때로 행동에 큰 영향을 미칠 수 있다. 그러나 아무리 재능이 뛰어난 사람이라도 사람의 심장에 침투하여 영원한 결과를 만들어낼 능력은 없다. 즉각적이고 영구적인 영적 열매는 항상 성령이 맺어주신다. 사람들이 설교를 좋아하고 열정적인 반응을 보이며 즉각적이고 가시적인 변화의 신호를 보이더라도 성령의 바람이 불지 않으면, 어떤 놀라운 결과라도 일시적일 것이다.

그렇다면 어떻게 해야 우리 설교가 이러한 역사의 통로가 될 수 있을까? 철저히 말씀이 중심이 되어야 하며 기도로 적셔야 한다. 하나님 말씀은 스스로 창조하고 통치하며 설득한다. 회심하게 하고 죄를 깨닫게 하며 그분을 닮아가게 한다. 그러나 말씀은 마법의 주문은 아니다. 하나님이 그분의 계획과 뜻을 실행하려고 정하신 수단이다. 하나님께 초자연적으로 역사해달라고 간구하라. 마태복음 6장에 나오는 구하면 아버지가 좋은 것을 주시리라는 예수님의 약속을 의지하여, 말씀으로 백성을 먹여주시도록 하나님께 간구하라. 그런 다음 하나님의 능력으로 그분의 말씀을 선포하라.

다섯째, 좋은 설교는 매혹적이어서 사람의 마음을 사로잡고 강렬한 설득력이 있다. 이 마지막 특징이 표면적으로 보면 좋은 설교의 네 번째 특징과 모순되는 것처럼 보이지만 사실 그렇지 않다. 존 파이퍼의 너무나 유명한 인용구, "우리가 하나님 안에서 가장 만족할 때 하나님은 우리 안에서 가장 큰 영광을 받으신다"라는 말이 여기서 도움이 된다. 좋은 설교의 주된 특징은 하나님의 영광을 목표로 삼았다는 것이다. 따라서 하나님께 영광 돌리는 설교는 하나님을 기뻐하며 설교하는 이들의 입에서 자연스럽게 흘러나올 것이다. 하나님의 무한한 가치를 인정하고 선언하는 것보다 더 큰 기쁨은 없다. 설교할 때 하나님의 영광을 목표로 삼은 사람보다 더 즐거운 설교자는 없다.

이 기쁨은 부정할 수 없고 억제할 수도 없으며 전염성이 있다. 하품처럼 기쁨의 표현은 한 사람을 통해 흘러넘쳐 하나님 백성의 모임을 통해 확산한다. 물론 다른 사람의 기쁨을 먹고살 수는 없지만, 그에게서 보이는 기쁨은 우리에게 자극을 준다. 설교자들에게 무대 위의 인격을 가공하라고 부추기는 것도 아니고 감정을 꾸며내는 것을 옹호하는 것도 아니다. 그 대신 설교자는 개인적인 연구를 통해 하나님의 율법을 즐거워하고, 그 기쁨이 강대상에서 흘러넘치게 해야 한다. 많은 신학교 졸업생이 좋은 설교에 필요한 자료를 준비해 강대상으로 올라오지만, 말씀의 저자이신 하나님과 말씀의 풍성함, 이 놀라운 소식을 알리는 특권에서 전혀 기쁨을 누리지 못하기 때문에 설교에 실패한다. 좋은 설교가 되기 위해서는 성경 본문에 충실해야 하지만 충실한 설교라고 해서 실제로 무조건 좋은 설교가 되지는 않는다.

수많은 사람이 성경 본문을 채굴하기 위해 꼭 필요한 주석과 신학적 도구로 무장한 채 신학교를 떠난다. 하지만 그 풍성한 정보를 설교로 전환하여 생각의 방향을 재설정하거나 의지의 방향을 바꾸거나 삶을 새롭게 바꿀 역량은 별로 없다. 대부분 목회자는 목회 사역이라는 바닷속으로 들어가지만, 설교에 대한 가혹한 비난과 마주칠 뿐이다. 설교에 대한 비난과 불평을 사탄과 같은 반대로 치부하기 전에 자신이 어떤 노력을 기울였는지 다시 살펴보고, 사람들이 받아들이고 즐거워할 가치가 있는 좋은 설교를 전달하고 있는지 고민해보라. 하나님을 영화롭게 하고 그리스도를 높이며 성령의 능력을 덧입은 매력적인 강해 설교를 하고 있는지 확인하며 진지하게 자신을 평가해보라. 더 나아가 마음을 함께하고, 당신이 약점을 드러내는 데 어려움이 없으며, 포기하지 않도록 당신을 격려하며 더 좋은 설교 사역을 하도록 끌어줄 신실한 몇몇 형제에게 도움을 요청하라. 이런 실력을 완전히 갖추기란 불가능하겠지만 하나님에 대한 신실함과 백성에 대한 사랑으로 성장을 위한 동기가 생기게 해야 한다. 우리 대적은 하나님의 말씀이 선포되는 곳에 반대의 불화살을 겨냥할 것이므로, 나쁜 설교라는 형태로 이 불에 연료를 더하지 말라.

4장

강해 설교의
기본 원리

3장에서 좋은 설교를 강해 설교라고 정의했는데, 이제 여기서는 강해 설교를 더 상세하게 설명하고 규정하려고 한다. 뛰어난 설교자들과 작가들이 강해 설교에 관한 탁월한 저술을 이미 여러 권 출판했으므로, 우리는 이들을 대체하려는 시도는 하지 않을 것이다. 그 대신 이 장에서는 강해 설교에 대한 입문서 격의 기본 내용을 소개하여 집중적인 성경 연구에 대한 열의를 조성하려고 한다.

우리는 이념적 양극화가 점점 심해지는 시대에 산다. 미국의 거대 양당은 선거를 치를 때마다 서로 더욱 배타적으로 대하고, 주요 사안에 극도로 상반

된 입장을 보인다. 퓨 리서치 센터는 케이블 뉴스에 대한 조사 결과를 이렇게 말했다. "오늘날 미국 정치를 규정하는 특징은 정치적 양극화다. 자유주의자와 보수주의자, 공화당 지지자와 민주당 지지자 간의 대립과 격차가 광범위할 뿐만 아니라 더욱 깊어지고 있다."[1]

또한 이런 양극화 현상은 수많은 영역의 기독교 하위문화와 심지어 복음주의 하위문화에도 팽배하다. 소위 '진보적 그리스도인'은 과거의 신학적 자유주의자의 좌편으로 크게 기울어져 있기에, 그들과 보수주의자의 격차는 더욱 벌어지고 있다. 그리스도인이라는 더 폭넓은 범주의 사람 중에서 복음주의자는 상대적으로 점점 더 이상하고 이질적인 존재로 비친다. 복음주의 계열 내에서도 수많은 부차적인 문제로 분열이 더 심화되고 있다. 설교를 예로 들어보자. 주제 설교와 강해 설교 중 어느 한쪽만 고수하여 중간 지대를 인정하는 교회는 거의 사라진 것처럼 보인다. 이런 상황에 관한 긍정적 측면과 부정적 측면을 구분하는 것이 우리의 목적은 아니지만, 이 장에 대한 우리 목표를 알려준다는 면에서 관심을 가질 필요는 있다.

우리는 강해 설교의 부흥 시대에 살고 있다. 교회 역사상 지금처럼 강해 설교에 대한 자료가 많이 생산되고 많은 주목과 관심을 받은 적이 없었다. 해돈 로빈슨Haddon Robinson은 역작『강해설교Biblical Preaching』로 이 분야의 길잡이 역할을 했고, 지난 30년간 수많은 다른 사람도 이 분야에 기여했다. 그러나 이렇게 강해 설교에 대한 새로운 관심이 이 분야의 합의로 이어지지는 않았다. 강해 설교는 다양한 이유로 여러 각도에서 저항에 부딪히고 있다. 어떤 이들은 강해 설교에만 전적으로 의존하면, 교회가 신학적으로 건전하고 유익한 주제 설교의 기회를 박탈당한다고 항변한다. 어떤 이들은 이런 설교 방식을 더욱 가혹하게 비판한다. 이 중 가장 강력한 반대 목소리를 내는 비평가 중 한 사람은 앤디 스탠리Andy Stanley로, 강해 설교를 '사기'라고 비판할 정도다.[2]

역시 이런 극단적 태도는 도움이 되지 않으며 우리도 그럴 의사는 전혀 없다. 우리는 설교에 대한 두 접근 방식이 각기 더 광의의 교회 사역에 맡은 역할이 있을 가능성을 인정한다. 하지만 강해 설교가 회중을 정기적으로 먹이는 가장 건강한 식단이라고 여전히 확신한다. 그러므로 강단 사역을 포기하지 않고 끈기 있게 이어 나가도록 권면하는 가운데 이 사역의 핵심적이고 결정적인 특징을 분명히 하기를 원한다. 지난 장에서 언급한 대로 좋은 설교는 강해 설교다.

릭 워렌Rick Warren은 20여 전에 '설교의 호칭'이 '무의미'하다고 주장하고 강해 설교와 같은 용어들이 현대 학자들 가운데 서로 모순된 의미로 사용되고 있다고 지적했다.³ 상황은 여전하고 우리는 그가 느꼈던 좌절을 분명히 이해한다. 하지만 그의 해결책에는 동의하지 않는다. 감사하게도 언어학자들과 신학자들이 문화적으로 정확히 규정되지 않았거나 오해를 산 단어를 모두 다 버리지는 않았다. 워렌의 조언에 따르면, '크리스천'이라는 단어는 오래전에 세속적 신앙, 행위 중심의 가톨릭교, 모르몬교와 같은 종파의 쓰레기 더미에 버렸어야 했다.

'30가지가 넘는' 강해 설교에 대한 개념 중 상당 개념이 서로 모순적이라는 워렌의 주장에도, 우리는 이 용어의 개념을 규정하는 작업을 통해 이런 소수의 의견으로 보수적 학자들 간의 압도적 의견 일치가 퇴색하는 일이 없도록 해야 하고, 또한 그렇게 할 수 있다.⁴ 이 용어에 주술적 가치는 없지만 이 용어의 개념을 설교에 대한 성경적이고 역사적인 틀에 의거해 정의내릴 수 있다면 서로 효과적인 소통을 할 수 있다. 그러므로 오해라는 목욕물을 버리다가 용어라는 아기를 버리지 말고 이 용어에 대한 명확하고 적절한 개념 정의로 이 문제를 해결하고자 한다. 실제로 다음 세대의 설교자들과 회중이 '강해 설교'와 '기독교적 설교'가 동의어라는 것을 인정할 수 있도록 이런 작업이 필수적이다.

강해 설교란 무엇인가?

강해 설교라는 용어가 중요하고 그에 대한 개념이 심각하게 혼재되어 있다면 개념 정립에 필요한 기준을 세워야 한다. 브라이언 채플 Bryan Chapell 은 매우 명확하고 엄밀한 개념 정의로 이 기준을 제시한다.

> 강해 설교는 성경 본문에서 구조와 내용을 이끌어낸 메시지로서 본문의 범위를 모두 다루며, 본문의 특징과 문맥을 설명함으로 그 본문에 대한 영감을 주신 성령님이 의도하신 대로 신실하게 사고하고 생활하며 예배를 드리는 데 필요한 영구적 원리를 드러내는

것이라고 정의할 수 있다.[5]

　표현이나 배열 순서만 약간 바꾼 수십 개 이상의 개념을 어렵지 않게 소개할 수 있지만, 이 개념들에는 절대 양보할 수 없는 몇 가지 공통된 특징이 있다. 채플의 용어를 빌려 적절한 개념 정의에 필요한 몇 가지 기준을 살펴보자.
　첫째, 강해 설교는 성경 본문에 기초하고 전적으로 의존한다. 설교자는 하나님의 말씀이 아닌 다른 어떤 것도 기초로 삼아서는 안 된다. 창의성을 발휘해 가구를 배열하고 건축가의 장인 정신을 돋보이게 할 그림으로 집을 장식할 수 있지만, 다른 것을 기초로 삼을 자유는 없다. 회중의 필요를 채워주는 내용, 적절한 예화, 누구나 알 수 있는 표현, 할리우드의 최신 영화를 끌어와 설교하면, 사람들의 기억에 남을 만한 설교를 한다고 정평이 나고, 교회에 출석만 하는 이들에게 좋은 인상을 줄 수는 있다. 하지만 이런 것들은 설교를 조각하기 위한 적절한 토대가 아니다. 선포될 가치가 있는 것은 오직 성경뿐이다.
　모든 설교에서 성경의 내용을 전달해야 한다는 이 첫 번째 원칙은 성경에 대한 올바른 이해에서 출

발한다. 구약과 신약을 구성하는 66권의 책은 살아 계신 하나님의 영감을 따라 쓰인 말씀이다. 성경은 단순한 글 모음집이 아니다. 창조 세계 어디서도 발견할 수 없는 권위가 있다. T. H. L. 파커^{Parker}는 칼뱅에 대한 고전 저서에서 이 점을 잘 요약한다.

> 성경은 하나님의 신비에 대한 인간의 추측을 담은 것도 아니고, 인간이 특정한 자료에서 임의로 도출한 결론도 아니다. 오히려 성경은 하나님이 스스로 자신의 신비를 밝히신 것이다. 무지하고 범죄한 인간들에게 자신을 알려주신 하나님의 은혜로운 계시다.[6]

우리는 성령이 인간 저자들에게 영감을 주셔서 성경을 기록하게 하셨고, 하나님이 이 계시를 보전하심으로 우리가 그분을 알고 피조물에 대한 계획을 알게 하셨다고 믿는다. 구약은 하나님의 말씀을 창조의 말씀,[창 1:3, 6, 9, 11, 14, 20, 24, 26, 28] 하나님의 메신저,[사 9:8, 렘 1:4, 겔 33:7] 심지어 그분의 구원[시 107:20]으로 언급한다. 하나님의 말씀은 그분의 뜻을 성취하며 행하는 하나님의 권능이다.[사 55:11] 하나님의 말씀은 단순히 지면에 기록된 '단어'나 정보가 아니라 인격화되어 행동하시는 하나님이다.

이런 내용을 배경으로 요한복음은 예수님이 육신이 되신 말씀이라고 선포한다. 예수님은 누구도 알 수 없는 하나님을 세상에 알리고 하나님의 뜻을 이루고자 보내심을 받은 하나님의 자기 표현이다. 예수님은 구약 성경을 폐하러 오신 것이 아니라 오히려 이루려고 오셨다고 말씀하셨다. 구약의 권위를 깎아내리지 않고 오히려 그것을 하나님의 참되고 강력한 말씀으로 인정하셨다. 주님이 승천하신 후 최초의 신자들은 교회를 향한 새로운 계시를 받아들이는 동시에 히브리 성경의 능력과 권위를 계속 인정했다. 그러므로 이런 기록들은(신약 성경) 동일하게 중요하다.

이 말씀들은 단순히 인간이 한 말이 아니다. 하나님의 말씀이다. 설교자가 생각하는 것과 달리 "하나님의 말씀은 살아 있고 활력이 있어 좌우에 날선 어떤 검보다도 예리하여 혼과 영과 및 관절과 골수를 찔러 쪼개기까지 하며 또 마음의 생각과 뜻을 판단[한다]."히 4:12 아무리 설교자의 몸 상태가 최상이고 재치가 넘치는 순간이라도, 가장 열정적인 어조로 놀라운 설득력을 지닌 말을 동원한다고 해도 우리는 그러한 유형의 효과를 낼 수 없다. 그러니 부탁하건대 회중을 위한다면 자의적으로 이런 결과를 내겠다는 생각은 꿈에도 하지 말라. 모든 설교를 철저히 성경 본문을 중심으로 해야 한다.

둘째, 설교는 단일한 개념이나 주제를 전달해야 한다. 이런 원리는 모든 영역의 공적인 의사소통에 적용된다. 일반적인 청중은 아무 연관성 없이 뒤죽박죽 섞인 일련의 사고 흐름을 따라갈 수 없다. 그러므로 모든 연설에는 하나로 이어주는 통일된 주제가 있어야 한다. 설교는 특정한 단락에 대한 임의적인 생각이나 일련의 설명 목록을 넘어 한 가지 주제에 초점을 맞추고, 그 주제를 중심으로 통일성을 유지해야 한다. 효과적이라는 이유로 자주 사용되는 판에 박힌 예화가 있다. 모래를 한 웅큼 쥐는 것보다 야구공을 잡는 것이 더 쉽다는 말이다. 차이를 만들어내는 것은 자료의 양이 아니라 배열 순서다. 해돈 로빈슨은 유익한 지적을 한다. "설교가 거의 실패하지 않는 이유는 너무나 많은 내용이 포함되어 있기 때문이다. 하지만 그 이상으로 설교가 그렇게 자주 실패하는 이유는 서로 상관없는 주제들을 다루기 때문이다."[7]

그러나 이 원리는 더 중요한 이유로 설교에 적용된다. 설교의 주제는 본문의 본래 의미에서 나오기 때문이다. 단순히 오래된 주제에만 해당하는 것은 아니다. 말씀에 권위가 있기 때문에, 우리는 저자가 의도한 의미를 확인하고 그 의미를 중심으로 우리가 말하고자 하는 주제를 발전시켜야 한다. 이렇게 하려면 올바른 성경 해석은 필수 작업이다. '적절한 성경 해석'을 설명하는 또 다른 책을 쓸 수도 있지만 지금 우리에게 주어진 임무는 이것이 아니다. 그 대신 우리 논증에 이 원리를 적용하고, 이것이 설교의 핵심 구성 요소라고 주장하는 선에서 마무리하려고 한다. 각 설교에는 통일성을 이루게 하는 단일 주제나 중심 주제가 담겨 있다.[8]

나아가 설교는 단순히 한 절이나 한 구절만으로 이루어지지 않는다. 해당 단락의 의미가 설교의 메시지다. 혹은 본문의 중심 사상이 설교의 중심 주제라고 할 수 있다. 바울이 서신의 한 단락으로 교회에 전달하려던 메시지는 설교자가 그 단락을 다룰 때 회중에게 전달하는 중심 주제가 되는 것이다. 이론상 이런 설명을 반대하는 설교자는 거의 없다. 하지만 많은 이가 실제 현장에서는 빈번하게 이 개념에 반대한다. 구체적인 사례를 들어 설명하면 도움이 될 것이다.

최근에 한 대형 교회의 유명한 목사가 갈라디아서 6장 7-8절을 본문으로 설교를 하는 것을 들었다. 이 본문에서 바울은 추수하고 씨를 뿌리는 1세기 농경 사회의 흔한 개념을 사용하고 있다.

> 스스로 속이지 말라 하나님은 업신여김을 받지 아니하시나니 사람이 무엇으로 심든지 그대로 거두리라 자기의 육체를 위하여 심는 자는 육체로부터 썩어질 것을 거두고 성령을 위하여 심는 자는 성령으로부터 영생을 거두리라.

하나님은 피조 세계에 이 진리를 아로새겨두셨고, 이것이 적용되는 경우를 들자면 끝이 없을 것이다. 옥수수를 심으면 옥수수를 거둘 것이다. 운동을 심으면 건강을 거둘 것이다. 불량 식품을 심으면 비대한 몸을 거둘 것이다. 물질주의를 심으면 빚을 거둘 것이다. 배우자와의 불화를 심으면 끔찍한 결혼 생활을 열매로 거둘 것이다. 가정에서 세속적인 것을 사랑하는 씨를 뿌리면 세상의 것을 갈망하는 자녀를 열매로 거둘 것이다. 원칙적으로 타당한 내용이므로 이런 식으로 적용해도 모두 틀리지 않다. 그러나 갈라디아서 6장을 설교할 때는 갑자기 이런 식의 적용으로 비약해서는 결코 안 된다. 이런 예화를 억지로 끌어와 일종의 발사대로 삼고 바울이 의도한 바와는 다른 주제로 설교하는 것은 설교자의 적절한 자세가 아니다.

바울은 체중 조절이나 채무에 관한 주제로 갈라디아서를 쓰지 않았다. 이런 주제로 설교한다면 본문을 완전히 잘못 다루고 있는 것이다. 미국 그리스도인들은 자주 과식하고 과소비한다. 그러므로 나중에 어떤 대가를 치를지 경고하는 것은 타당하고 사랑에서 나온 행동이다. 그러나 바울이 갈라디아 교회들에게 편지를 쓸 때 바울이 전하고자 했던 메시지와는 거리가 멀다. 그는 육신적이고 악한 욕망과 성령이 이끄시는 거룩한 갈망을 비교하고 있다. 육신에 굴복하면 "음행과 더러운 것과 호색과 우상 숭배와 주술과 원수 맺는 것과 분쟁과 시기와 분냄과 당 짓는 것과 분열함과 이단과 투기와 술 취함과 방탕함과 또 그와 같은 것들"갈 5:19-21의 죄악 된 열매를 맺을 것이라고 경고한다. 그리고 "사랑과 희락과 화평과 오래 참음과 자비와 양선과 충성과 온유와 절제"갈 5:22-23의 열매를 맺으실 성령을 심거나 그분께 복종하라고 권면한다. 날씬한 허리나 신용 한도를 말한 것이 아니다. 바울에게 거두고 뿌린다는 표현의 용도는 단순히 예시하기 위한 것이다. 그가 강조하고자 하는 핵심은 육신을 뿌리는 것과 성령으로 뿌리는 것을 비교하는 데 있다. 그러므로 이 본문을 설교할 때 바울이 든 예화로 우리가 강조하고 싶은 주제를 내세워서는 안 되며 그가 말하려는 실제 주제를 설명해야 한다. 변화시키시는 하나님의 능력은 우리의 말이 아니라 그분의 말씀에 있다. 물론 설교자는 얼마든지 거두고 뿌린다는 원리로 자기 설교의 예시를 들 수 있지만, 그 모든 책임을 바울에게 전가해서는 안 된다. 다만 본문의 주요 주제를 설교의 주요 주제로 삼아야 한다는 점을 말하고 싶다.

셋째, 여기서 한 걸음 더 나아가야 한다. 본문의 주제에서 설교의 주제를 도출해야 할 뿐 아니라, 강해 설교의 경우 설교의 구조 역시 성경 본문의 구조를 기반으로 두어야 한다. 우리에게는 하나님이 의도하신 메시지를 선포해야 할 책임이 있다. 그리고 하나님이 전달하신 방식을 고수할 때 가장 명확하게 그 메시지를 전달할 수 있다. 이런 존중은 단순히 우리 설교 스타일 이상의 의미를 지닌다. 저자를 존중하는 행위인 것이다.

대략 40년 전 유진 로우리Eugene Lowry는 설교자들에게 "설교 해부학과 관련해 그동안 소중히 여기던 규범"을 버리고 "설교학적 줄거리, 내러티브 예술 형식, 신성한 이야기로서 설교의 새로운 이미지를 만들라"고 요청했다.9 그러나 모든 본문이 다 이야기 형식으로 되어 있지는 않다. 미국 전역의 설교 동영상을 조사해보면 그의 말에 진지하게 귀 기울인 이가 많았음을 알 수 있을 것이다. 성경 본문의 중요한 핵심에 기초해 설교를 하는 일부 설교자는 현대적인 소통 기법, 학습 방식에 대한 신념과 개인적 선호를 토대로 진리를 새롭게 포장하는 창의적 방법들을 찾아내려고 애쓴다. 모든 본문이 다 이야기 형식이 아니다. 그러므로 모든 설교가 다 이야기식일 필요는 없다.

비유를 마음대로 우화화하거나, 원하는 주제를 제시하기 위한 트램펄린처럼 사용해서도 안 된다. 비유는 예상치 못한 반전으로 핵심을 선명하게 드러낼 목적으로 들려주는 간결한 이야기다. 비유는 핵심을 놓친다고 해도 전체 그림을 이해하고 있는 청중을 앞에 둔 상황이라는 맥락에서 들려주는 이야기다. 비유를 설교할 경우 비유의 문체와 장르가 반영되어야 한다. 배경을 확실히 확인하고, 유비를 설명하며, 전하고자 하는 핵심을 드러내라. 진리를 적용하라.

신약의 서신들은 교회가 받은 특별한 선물이다. 교회사에서 가장 위대한 지성인들이 성령의 영감을 받아 쓴 편지들을 어리고 평범한 청중에게 소개하기 위해서는 하나님의 진리를 강력하면서도 타당성을 지니도록 구체화해야 한다. 다른 사람들의 편지를 읽고 최대한 교훈을 얻기 위해서는 각 편지의 맥락과 핵심을 이해해야 한다. 더 나아가 이 서신들을 설교하기 위해서는 전체 흐름을 파악하고, 각 단락과 진술의 구조를 형성하며 요점이 담긴 구체적인 명령들을 확인해야 한다. 어떤 본문이든 정확히 다루기 위해서는 논리적 흐름, 논법, 성경 속 명령이 설교의 흐름을 이끌도록 해야 한다. 문맥을 확인하라. 생각의 흐름을 드러내라. 진리를 강조하라. 본문 속의 명령을 적용하라.

성경은 대부분 내러티브 형식으로 구성되어 있

다. 실제로 성경의 약 60퍼센트가 내러티브라는 장르로 분류되며 다른 범주보다 훨씬 많은 부분을 차지한다.[10] 이런 내러티브 단락들을 설교할 때 로우리가 앞에서 언급한 조언이 도움이 된다. 이야기가 스스로 호흡하도록 하라. 내러티브의 불길에 산소를 불어넣어 남은 불씨가 생생하고 무서운 기세로 열기를 더해 타오르도록 하라. 이야기를 들려주라. 저자가 이야기를 들려주는 이유를 알려주라. 변치 않는 영원한 진리를 적용하라.

비유, 서신, 내러티브라는 세 가지 범주의 예만으로 성경의 다양한 장르를 다 소개한 것은 아니지만 중요한 핵심은 드러낸다. 강해 설교의 중요한 과제는 본문의 주제, 취지, 구조가 설교의 주제와 취지와 구조가 되게 하는 것이다.

마지막이자 넷째로, 본문이 강조하고자 하는 개념은 설교자와 청중 모두에게 적용되어야 한다. 설교자는 단지 성경 강의를 하거나 성경을 구절별로 설명하는 구절 설교를 하는 것이 아니다. 우리의 목표는 생각을 바꾸고 마음에 교훈을 더하며 행동에 영향을 미치는 것이다.[11] 본문의 의미를 드러내는 것은 수많은 현대 '설교자들'에게 대단한 도약이지만,

이 정도의 소득으로는 충분하지 않다. 본문의 의미가 참석한 모든 이의 생각과 정서와 삶에 영향을 미치게 하지 않으면 우리의 일은 끝난 것이 아니다.

채플은 "교구민들에게 성경 정보를 제공하면 그들이 자동으로 성경 진리와 매일의 일상을 연관 지을 것이라고 생각하는 설교자는 근본적인 실수를 저지르는 것이다"라고 아주 분명하게 말한다. 그리고 이어서 "적용이 없는 진리는 쓸모가 없다"라고 요약한다.[12] 설교의 이런 측면은 하나님이 진리로 자기 백성의 생각과 마음과 삶을 통치하도록 사용하시는 도구다. 성령은 적용을 통해 우리 생각과 신념과 행동을 빚어가신다.

이런 적용은 단순히 설교의 메시지들을 통해 '해야 할 일 목록'을 만드는 차원을 넘어선다. 본문의 주제와 취지를 청중의 삶 속으로 확장하여 적용하는 것이다. 말씀을 효과적으로 적용하도록 도우려면, 목회자는 회중에 대한 목자의 사랑과 지식, 말씀을 개인적으로 받아들이려는 열린 마음 그리고 이 둘을 하나로 연결할 수 있는 지혜가 있어야 한다. 이 작업이 제대로 이루어진 설교는 사람의 양심을 되살아나게 하고 마음을 관통하기 때문에 이런 설교를 듣는 사람은 영원한 진리를 자기 삶과 즉각 연결할 수 있게 된다.

교회사에서 위대한 설교자는 다른 설교자를 평가하면서 적용의 필요성을 확인해준다. 위대한 신학자이자 학자이며 설교가인 존 오웬 John Owen은 찰스 2세 왕에게 이런 질문을 받았다고 한다. 무학의 존 번연 John Bunyan의 설교를 들으러 가는 이유가 무엇이냐는 것이었다. 그는 "사람의 마음을 만지는 그 땜장이의 능력을 내 것으로 삼을 수 있다면 저의 지식과 기꺼이 맞바꿀 겁니다"라고 대답했다. 효과적인 설교는 단순히 성경 진리를 전달하는 것이 아니다. 성령의 능력으로 그 진리를 적용하여 마음을 바꾸어가는 것이다.

가서 이와 같이 행하라

강해 설교에 대해 이렇게 빈약한 수준의 개요를 소개하게 되어 부끄럽지만 이마저도 하지 않는다면 중요한 문제를 환기하고 최소한 바른 방향으로 이끄는 일마저도 하지 못할 것이다. 바라건대 이 설명이 화살이 되어 당신을 자료의 보물 창고로 인도하여 우리가 막 소개한 강해 설교를 더욱 완벽하게 이해하게 되기를 바란다.[13] 그러나 우리가 이 정도의 설명이라도 하는 이유는 존 스토트John Stott의 확신에 동의하기 때문이다. "그리스도인의 삶의 질이 낮은 것은 무엇보다 기독교의 설교 수준이 낮기 때문이다. 교회가 다시 번성하기 위해서는 충실하면서 강력하고 성경적인 설교가 있어야 한다. 하나님은 여전히 자기 백성에게는 말씀을 듣고, 설교자들에게는 말씀을 선포하라고 촉구하고 계신다."[14]

흔들리고 위축된 회중이 어떤 생각을 하고 있건 이 말씀은 교회 재활성화에 꼭 필요하다. 하나님은 언제나 그러셨듯이 성령의 능력을 힘입은 강해 설교와 적용을 사용하셔서 불모지 같은 곳에 열매가 맺히게 해주실 것이다. 사람들이 불만과 비웃음으로 반응하더라도 강해 설교를 준비하고 실행하는 일을 끝까지 포기하지 말라. 강해 설교는 교회가 하나님께 받은 선물이다. 단순히 매주 성경에 대해 말하고 설명하는 수준에서 더 나아가야 한다. 교회 재활성화의 불모지로 나아가 백성이 번성하도록 생명을 살리는 하나님의 도구를 휘두르자.

5장

장기간에 걸친
충실한 설교

초반에 지적했듯이 목회 사역의 초자연적 인내의 필요성은 다각도로 살펴봐야 할 주제지만, 우리는 설교 분야에만 포커스를 맞추었다. 복음 전도, 목양, 성도들을 인도하고 훈련하며 섬기는 일에 목회자들이 지치거나 포기하지 않기를 기도한다. 이 책을 쓴 이유는 끈기 있게 설교 사역을 감당하도록 목회자들을 격려하고 권면하며 훈련하기 위해서다. 오늘날 설교에 관한 훌륭한 책들이 시중에 흘러넘치지만, 포기하지 않고 인내함이라는 주제에 목소리를 더함으로 이 주제에 관한 아름다운 합창에 동참하고자 한다. 인내라는 주제는 최소한 몇 가지 이유로 설교와 특별히 관련된다.

우리 문화 속에서 받는 인내에 대한 도전

첫째, 인내는 우리 문화의 특징이 아니다. 21세기 서구 문화, 특별히 미국 문화는 어려움이 찾아오고 압박받을 때 견디고 참는 문화와는 거리가 멀다고 많은 이가 말한다. 이런 일반적 평가는 굳이 자료를 보지 않더라도 누구나 알고 수긍한다. 밀레니얼 세대(1980년에서 2000년 사이 출생자들)에는 대체로 '결핍감을 느끼며 특권 의식이 강하다'는 꼬리표가 따라다닌다. 이들은 즉각적인 만족을 추구하며 날로 팽창하는 미디어를 통해 끊임없는 오락을 갈망한다. 부모의 과잉보호에 익숙하고, 눈꽃처럼 남다르고 나비처럼 특별하다는 말을 들으며 자랐기에 여러 면에서 성급하고 조급한 것이 특징이다. 이들은 어떤 일에서든 기다리는 것을 싫어한다. 대략 40세 이하의 목회자가 모두 이 세대에 해당한다.

개인적인 경험과 여러 사례를 기초로 이런 평가에 동조할 수는 있지만, 사회 학자들은 이런 평가의 정확성을 두고 연구와 조사, 논쟁을 이어가고 있다.

나는 한 걸음 더 나아가 밀레니얼 세대에 대한 이 설명이 정확하고, 역사상 지구에 살았던 다른 모든 세대 역시 여기에 해당한다고 생각한다. 이러한 모습이 나타나는 이유는 성경에서 말하는 이른바 육신이라는 속성 때문으로, 이것은 우리의 체질 때문이 아니라 인간의 타락한 본성 때문에 나타난다. 나 역시 젊은 세대의 오래 참지 못하고 성급한 특성을 별로 좋아하지는 않지만, 사실 부모나 조부모 같은 어른들이 젊은 세대에 관해 이와 비슷한 감정을 토로하는 소리를 자주 듣지 않았는가? 십 대나 이십 대 시절 "나 때는 말이야"로 시작하는 어른의 잔소리에 지겨워하던 기억이 있지 않은가? 이제 위치가 완전히 달라져서 나이가 들었다는 이유로 새삼스러워해서는 안 될 것 같다.

우리 문화가 과거보다 인내하지 못하고 성급한지 아닌지를 논의하는 것이 이 책의 주제는 아니다. 다만 우리가 지적하고 싶은 점은 인내가 인간 문화의 특징이었던 적은 한 번도 없었다는 것이다. 21세기를 사는 우리는 아브라함이 하갈과 동침하고, 야곱이 축복을 요구하며, 모세가 반석을 내리치고, 다윗이 밧세바를 불러오는 행동을 한 것처럼 성급하다.

설교할 때 인내하며 견디라는 요청이 타당한 이유는 목회자 역시 인간이며, 인간은 인내심이 부족하기 때문이다.

둘째, 현대의 문화적 압력은 설교자에 대한 특정한 기대 수준을 낳았고, 이런 기대는 종종 성실한 강해 설교에 대한 열정을 방해할 정도다. 군중의 판단에 따르면, 일반적인 복음주의 교인들은 당장 해결해야 할 문제에 민감하고, 잘 공감해주며, 현실적인 대안을 제시하고, 실제로 적용할 수 있도록 설교하는 목회자를 원한다. 성도 개개인이 원하는 바에는 차이가 있겠지만, 핵심을 보면 성실한 강해의 실질적 내용보다는 스타일을 더 중시한다. 강해 설교를 잘 이해하고 열심히 하려는 설교자조차 현대 청중에게 어필하기 위해 강해 설교를 포기하고 성경 말씀을 살짝 곁들인 자기 계발식 설교를 하고 싶은 유혹을 받는다. 우리는 이것이 얼마나 심각한 일인지 철저히 인식하고 이런 유혹에 맞서야 한다.

일반적인 상황에서도 충분히 부담스럽고 힘들지만, 대다수 목회자는 신앙적으로 정체되어 있는 회중, 아니 오히려 퇴보 중인 회중을 목회하고 있을 것이다. 톰 레이너[Thom Rainer]의 최근 조사에 따르면 이 범주에 해당하는 복음주의 교회가 전체의 65퍼센트에 이른다고 한다.[1] 이런 경우는 안일함으로 굳은 땅이자 세속성이라는 무성한 잡초로 우거진 땅이다. 그들 대부분은 수십 년이 넘도록 매주 꾸준하고 성실한 강해 설교라는 주식을 먹어본 적이 없고, 따라서 강해 설교를 요구하거나 중요하게 생각할 가능성이 별로 없다. 그러므로 교회에는 재활성화라는 신선한 바람이 필요하다. 이 바람은 강단에서 끝까지 인내하는 목회자들을 통해 불어올 것이다. 곧바로 변화가 나타나지 않을 수 있지만, 말씀이 이 목적을 이루리라는 것은 확신할 수 있다.

이런 분야의 목회자들을 대상으로 10년 정도 사역한 끝에 나브라이언는 인내하는 설교 사역에 필요한 시각이나 결심이 없는 목회자들, 특별히 젊은 목회자들이 겪는 어려움을 잘 알고 있다. 일관성 있는 강해 설교의 필요성과 중요성을 지지하는 성경적 증거가 명확한데도, 갱생이 필요한 복음주의 교회들 중 압도적 다수가 (많은 부분에서) 충실한 성경적 설교의 부재로 죽어가고 있거나 표류하고 있다. 역시 상황은 복합적이고, 교회가 쇠퇴하는 원인은 수없이 많다. 하지만 이런 황량한 풍토에서 설교의 부재가 일차적 원인인 것은 분명하다.

이 글이 어려움을 겪는 소수의 사람만을 대상으로 한다는 오해를 주지 않고자 설교에서의 인내 문제가 약한 교회에만 국한된 것이 아님을 분명히 말하고 싶다. 어떤 교회들은 교인 수만 보면 크게 성장하고 있는 것 같지만, 실제로는 허약한 제자들을 양산하고 있다. 요즘에는 「폭로: 당신은 어디에 있는가?*Reveal: Where Are You?*」라는 보고서로 유명한 윌로우 크릭 교회의 자기 고백은 대체로 무시하는 듯하다. 윌로우 크릭 교회는 엄청나게 많은 사람이 몰려왔는데도 그들을 진정한 제자로 길러내지 못했다고 인정했다.[2] 그러나 외적인 성공에 대한 유혹이 너무나 강렬해서 그들(과 그들의 모델을 따르는 교회들)은 전반적인 '구도자 중심의' 전략을 대대적으로 수정하지 못했다. 성실한 강해 설교는 그런 철학적 결단과는 어울리지 않으므로, 그들의 목회 방향을 간단히 살펴보기만 해도 설교에서 어느 부분이 결핍되었는지 알 수 있다.

이런 유형의 대형 교회들의 양적 성장은 집회 때 전하는 설교를 약화할 뿐 아니라 성장의 매력에 매혹된 목회자들과 교회에 어두운 그림자를 드리운다. 그러므로 설교에 대해 우리와 철학적으로 궤를 같이하는 목회자도 이 대열에서 자주 이탈한다. 아기에게 우유가 필요하고 식물에게 물이 필요하듯이 크든 작든, 강하든 약하든, 성장하든 쇠락하든 간에 모든 교회는 성경 강해라는 꾸준한 식단이 필요하다. 문제는 이것을 진심으로 원하는 교회가 거의 없으며, 따라서 소화하려고 하지도 않는다는 점이다. 더 나아가 이 메뉴를 파는 이들은 모두 외면을 받는다.

셋째, 오락에 집착하는 우리 문화의 지속적인 영향에 맞서 설교로 인내하라는 새로운 부르심이 요구된다. 미디어 생태학이라는 말을 처음 만들어낸 닐 포스트먼Neil Postman은 나에게 발람을 떠오르게 한다. 민수기 22-24장에서 하나님이 백성에게 진리를 전하려고 사용하신 이방 선지자 발람을 기억할 것이다. 사도 베드로가 개인적 욕심을 위해 배교한 거짓 선생들을 드러낼 목적으로 발람을 예로 들었지만, 발람이 진실을 말했다는 사실은 부정할 수 없다. 포스트먼은 발람보다 생소한 인물일 것이다. 포스트먼을 비하하려거나, 돈에 따라 움직이는 사람이라는 암시를 주려거나, 그의 영혼의 상태에 대해 말하려는 의도는 추호도 없다. 하지만 두 사람은 한 가지 면에서 닮았다. 그는 발람처럼 하나님의 백성이 주의를 기울여야 할 예언적 진실을 전한 비신자다. 개인적으로 그에 대해 할 말은 없지만, 문화에 대한 그의 통찰은 매우 심오하며 해가 흐를수록 더욱 빛이 난다.

포스트먼은 저술가이자 교육자이며 미디어 생태학자로 2003년에 사망했다. 수많은 책을 저술했는데, 대표작으로 현대 미디어와 소통 환경의 부정적 효과를 경고한 『죽도록 즐기기*Amusing Ourselves to Death*』를 꼽을 수 있다. 그는 이 책에서 전달의 구조, 내용, 도구를 포함해 소통의 매개체가 메시지에 돌이킬 수 없는 영향을 미친다고 주장한다. 더 나아가 과학 기술이 오락 용도로 사용됨으로써 진지한 소통을 방해하는 경우가 적지 않다고 말한다. 텔레비전을 예로 들어보자. 텔레비전은 몇 시간이고 끝없이 무분별한 오락거리를 제공하기 때문에 절대 지성에 도움이 될 정보를 제공할 수 없다. 시청자는 심각한 정보라도 전달되는 내용이 모두 재미있어야 한다는 기대감을 품고 컨텐츠를 받아들일 것이다. 그러므로 소통 방법은 결코 텅 빈 그릇이거나 내용물을 전달하는 수단에서 그치지 않는다.

거의 40년 전에 포스트먼은 오락에 더 집착할수록 집중하는 시간이 감소하고 비판적 사고 능력이 쇠퇴하게 될 것이라고 경고했다. 이러한 현상은 게으름과 소비주의를 조장하고 부추기기 때문에 이런 경향이 최후의 승자가 되고, 결국 뉴스에서부터 정치와 종교에 이르기까지 많은 영역이 엉망이 될 것이다. 뉴스와 관련해서는 중요한 뉴스와 덜 중요한 뉴스를 나란히 두는 관행 때문에 실제로 중요한 것이 무엇인지를 판단하는 우리의 민감성이 둔해질 것이다. 정치와 관련해서는 실질적 내용보다는 스타일을 중시하고, 신념보다는 유명세를 더 우선할 것이다. 2016년에 치른 미국 대통령 선거가 그의 예언자적 경고를 확실히 보여준 증거가 아니었을까? 가장 중요한 종교와 관련해서는 자칭 무신론자인 그는 신앙 공동체들이 내용보다 오락을 더 중요하게 생각하리라고 예언했다.

포스트먼이 옳았다. 우리는 죽도록 즐기고 있다. 납득이 되지 않는가? 그렇다면 한 텔레비전 프로그램의 처참하기 이를 데 없는 매너를 보여주는 한 일화를 소개하고 싶다. 그 프로그램은 중요한 사건과 바보 같은 장면을 뇌리에 박힐 정도로 연달아 내보내는 기행을 보여주었다. 방송국은 저녁 시간대 재능 겨루기 쇼 도중에 오랫동안 상원 의원을 지낸 존 매케인(베트남 전쟁 때 미군 포로였고, 대통령 선거에 두 번 출마했던)의 부고를 알리는 특별 방송을 짧게 내보냈다. 특별 방송이 끝나자 곧바로 정규 프로그램이 다시 시작되었다. 상의를 입지 않고 올챙이 배를 한 두 남자가 돌고래 마스크를 쓰고 배로 에어펌프를 눌러 소위 '음악'을 연주하며 무대를 돌고 춤을 추는 통에 엄숙하고 경건했던 분위기는 순식간에 사라지고 말았다. 눈물이 나올 정도였다.

우리의 집단 지성과 민감성의 타락을 애통하게 여기지만, 이런 오락 중독은 우리 교회에 더 심각하고 영원한 영향을 미치고 있다. 말보다 시각적 그림을 앞세우는 행태는 설교 행위에 대한 우리의 확신을 잠식한다. 말로 하는 행위보다 시각적인 것을 우선시하는 경향은, 삶을 변화시키는 성경의 메시지를 받아들이고자 힘쓰는 청중의 결심과 설교자의 결단을 무력화한다. 우리는 '학습'이 텔레비전 프로그램을 시청하거나 소셜 미디어를 검색하는 것처럼 쉬워야 한다고 착각한다. 그러나 깊은 고민을 거친 공개적 강연, 즉 설교는 모든 당사자의 노력이 필수적이지만 우리 문화에서 보기 드물 뿐 아니라 거의 절대적으로 무시당하고 있다. 더 나아가 오락에 대한 갈증은 설교라는 이벤트에 대한 건강하지 못한 기대를 품게 한다. 대놓고는 아니지만, 미묘하게 부적절한 기대를 하게 만드는 것이다. 우리는 설교로 온 관심이 집중되는 놀이 기구를 탄 것처럼 짜릿한 흥분을 얻고 싶어 하고, 동시에 새로운 자극을 원한다. 그러나 교회는 디즈니랜드가 아니다. 설교는 비행 시뮬레이션 오락이 아니다.

모든 문화에서 받게 되는 인내에 대한 도전

설교에서 인내하기 어려운 이유를 납득했는가? 인간의 본성, 교회의 하위 문화, 사회가 모두 우리에게 불리하게 작용하기 때문에 인내하며 설교하기가 쉽지 않다. 그러나 사실 최악은 이것이 아니다. 우리의 대적 사탄 마귀와 모든 하수인은 하나님의 말씀이 선포되는 것을 끔찍하게 싫어한다. 성경의 세 번째 장부터 마지막 장에 이르기까지 악한 자는 사람들을 속이고 미혹하며, 혼란을 가중하여 하나님의 권위와 말씀에 대한 확신을 무너뜨리려고 혈안이 되어 있다. 그러므로 설교를 지키려는 우리의 싸움은 단순한 차원의 죽음에 대항하는 것이 아니다. 단순히 문화와 세속화로 치닫는 사회의 가치 체계에 반발하는 것도 아니다. 이는 전면적인 영적 전쟁이다.

지금 이 상황이 암울하고 비관적인 것은 분명하다. 하지만 희망이 있다. 이 싸움은 새삼스럽지도 않고, 패배가 확정된 것도 아니다. 승리는 그리스도 안에 있는 우리의 것임을 기억하라. 우리는 넉넉히 이길 수 있다. 그렇다고 우리가 모든 문화 전쟁에서 압도적으로 이긴다거나, 사람들이 진지하게 공개 강연이나 설교를 받아들이도록 만들 수 있다는 말은 아니다. 그러나 우리는 하나님의 말씀이 그분의 정확한 뜻을 이룰 것임을 확신한다. 그러니 우리는 설교를 포기해서는 안 된다.

대부분의 학자는 현존하는 바울 서신 중 디모데후서가 가장 마지막에 쓰였다는 데 동의한다. 위대한 선교사이자 교회 개척자, 복음 전도자이며 설교자이고 그리스도의 종인 바울이 제자에게 매우 개인적이고 신학적으로 풍성한 이 편지를 쓸 당시 그의 생애는 거의 마지막에 다다르고 있었다. 그의 편지는 하나님의 영감을 받았고 심오한 깊이가 있다. 그의 교훈은 감동적이며 시대를 초월한다. 그의 어조는 꾸밈이 없고 실제적이다. 바울은 이 짧은 책을 통해 젊은 사역자에게 강건하라고 조언하고, 어떤 일이 닥쳐와도 영적으로 맡은 역할을 완수하라고 권면한다. 모든 세대의 목회자들은 바울의 교훈을 잘 듣고 주의를 기울여야 한다. 우리는 이 책에서 전하고자 하는 가장 중요하면서도 근본적인 메시지로서 디모데후서를 제시하고자 한다.

바울은 조금도 지체하지 않는다. 평소처럼 편지를 시작하고, 안부 인사를 전한 다음 하나님께 감사를 드리고, 형제이자 제자를 향해 감동적으로 애정을 표현한다. 그리움과 감사의 어조는 바로 권면으로 바뀐다. "네 속에 있는 하나님의 은사를 다시 불 일 듯하게 하기 위하여 너로 생각하게 하노니"딤후 1:6라는 유명한 명령으로 처음부터 인내를 강조하는 듯 보인다. 주석가들은 이 은사가 교인을 목양하고 말씀을 선포해야 할 디모데의 소명이라는 데 거의 이견이 없다. 바울은 디모데전서 4장 14절에서도 이 은사를 언급했다.

그러므로 바울은 "은사를 불 일 듯할 것을" 잊

지 말라고 당부하는 것이다. 여기에 사용된 헬라어 동사는 현재 능동 부정사로 '다시 불을 붙이다' 혹은 '새로 불을 붙이다'라고 번역할 수 있다.³ 설교 사역에 대한 열심의 불을 끊임없이 붙여야 함을 강조하는 참으로 강한 의미의 현재형 동사다. 설교자 자신의 영적 무감각과 사역에 대한 무관심 혹은 심지어 개인적 시련 때문에 설교하고 양을 돌보고자 하는 열정에 부침이 있을 수 있다. 하지만 우리는 은사를 주신 하나님 앞에서 이 보물을 잘 관리할 책임이 있다. 매주 강대상에 올라갈 정서적이고 영적인 에너지를 유지하려는 싸움은 새롭지도 특별하지도 않다. 자비가 풍성하신 하나님은 이 싸움을 하는 우리를 홀로 버려두신 적이 없다. 하나님은 우리에게 성령을 주셨다. 일부 역본만이 1장 7절에서 '성령'Spirit이라고 번역하지만 우리는 그 번역이 옳다고 생각한다. 하나님은 싸우고자 하는 마음을 주셨을 뿐 아니라, 성령을 우리 안에 거하게 하심으로 우리가 그분의 능력과 사랑과 자제력을 소유할 수 있게 해주셨다. 이것은 이 문단의 흐름과 일치하고, 바울 서신 전체와 신약 성경과도 일맥상통한다. 이런 덕목들은 우리 자신에게서가 아니라 우리 안에 역사하시는 하나님에게서 흘러나온다. 우리는 명령과 그 명령에 순종할 힘을 이미 받았다. 그러므로 우리 은사를 불 일 듯하게 해야 한다. 우리 안에 계시는 하나님의 능력으로 이 일을 해야 한다.

바울은 그의 전형적인 표현인 "그러므로"라는 접속사를 사용해 더 정확하고 집중적으로 권면을 이어간다. 1장 8-14절에서 그는 끝까지 포기하지 말라는 요청을 더 확실히 주지시킨다. 부정 명령문의 형태로 디모데에게 우리 주의 고난과 이방인을 대상으로 한 사도가 겪는 고난에 흔들림 없이 동참하라고 요청한다. 앞서 1장과 2장에서 이야기했듯이 고난은 복음 사역이라는 소명의 본질적인 측면이다. 바울은 계속해서 그리스도가 우리의 구원이시고, 바로 이 복음이 우리가 전할 메시지이며, 말씀을 전파하라는 이 소명이 우리 책무이자 기쁨이라고 말한다. 우리는 이 거룩한 '소명'을 위해 하나님께 임명받은 사람들이다. 우리가 고난을 받는 것은 하나님이 태만하셔서도 아니고, 자기 종들을 보호하지 못할 만큼 무능하시기 때문도 아니다. 사도 바울은 하나님의 주권적 뜻으로 선택받은 자들을 위해 고난을 견뎠다. 마지막으로 바울은 자신이 적대감의 전쟁터, 냉담함의 안개, 곤경의 골짜기를 건너 그리스도의 길을 따른 것처럼, 우리 또한 그 길을 따르라고 요청한다.

바울은 이 편지에서 조금도 망설이지 않고 거침없이 조언하고 도전한다. 이런 태도는 다른 어떤 바울 서신보다 더 두드러진다. 바울은 사역하면서 끊임없이 겪는 적대적 반응에 대한 구체적인 사례들을 디모데에게 알려준다. 오랫동안 말씀 선포 사역을 했다고 해서 반대의 조류가 절대 약해지지 않는다고 했다. 디모데후서 4장 14절에서 그는 한 대적의 이름을 거론한다. 바로 그에게 많은 해를 끼친 구리 세공업자 알렉산더다. 그는 디모데에게 "너도 그를 주의하라 그가 우리 말을 심히 대적하였느니라"고 경고한다. 수동적인 공격도 없지 않았다. 바울은 "아시아에 있는 모든 사람"이 자신을 버렸다고 말한다. 여기에는 부겔로와 허모게네1:15가 있다. 또한 데마 역시 그를 버렸다.4:10 말씀 선포의 가르침을 받았던 사람들조차 바울을 배신했다. 이런 배신은 죄로 물든 세상에서 말씀 선포의 기능과 관련된 일이기에 바울에게 단순히 개인적인 문제가 아니었다. 나중에 다루겠지만, 그는 이렇게 귀에 듣기 좋은 메시지를 좋아해서 진리를 떠날 이가 많이 나올 것이라고 지적한다. 마지막으로 바울은 여러 방면에서 끊임없이 고난을 겪었다. 이 편지에 한정해서 보면 바울은 외로움과 여러 교회의 거짓 가르침, 교회 내 신자들의 다툼, 육신의 질병으로 고통을 겪었고 개인적인 죄와 끝없이 싸워야 했다.

문화보다 우선하는 인내하라는 요청

바울이 사역자의 생활이 이와 다를 것이라고 말하거나 암시한 적은 한 번도 없다. 어떤 문화에서나 적의, 무관심과 냉소, 곤경을 겪는 일은 흔하다. 바울은 자신이 겪었던 일과 앞으로 겪을 일을 잘 알고 디모데후서 4장 1-5절에서 엄중하게 당부한다.

> 하나님 앞과 살아 있는 자와 죽은 자를 심판하실 그리스도 예수 앞에서 그가 나타나실 것과 그의 나라를 두고 엄히 명하노니 너는 말씀을 전파하라 때를 얻든지 못 얻든지 항상 힘쓰라 범사에 오래 참음과 가르침으로 경책하며 경계하며 권하라 때가 이르리니 사람이 바른 교훈을 받지 아니하며 귀가 가려워서 자기

의 사욕을 따를 스승을 많이 두고 또 그 귀를 진리에서 돌이켜 허탄한 이야기를 따르리라 그러나 너는 모든 일에 신중하여 고난을 받으며 전도자의 일을 하며 네 직무를 다하라.

혹시 이 말씀이 낯선가? 그렇다면 이제 막 사역하기 위한 훈련에 돌입한 사람이기를 바란다. 이것은 우리의 본질적인 의무이기 때문이다. 형제 된 사역자들이여, 우리가 받은 청지기직을 이보다 더 명확하고 간결하게 요약하는 문장은 없을 것이다.

이렇게 강한 어조의 문장은 디모데뿐만 아니라 성령의 영감을 따르는 모든 그리스도인 설교자에게 주는 아홉 가지 명령을 담고 있다. 첫째, 말씀을 전파하라. 이 명령이 가장 먼저 등장하는 이유가 하나 있다. 지금까지 이 책을 읽으며 확인했겠지만, 말씀을 전파하라는 이 임무가 가장 중요하다. 우리는 하나님의 거룩한 말씀을 전하는 전령이다. 이어서 나오는 네 가지 명령은 말씀을 전파하라는 명령을 중심으로 설명하고 해석하는 내용으로서 이 명령의 중요성을 드러내고 있다. 둘째, 항상 준비가 되어 있어야 한다. 언제나 말씀을 전할 준비를 해야 한다는 뜻이다.

다음으로 다음 세 가지 권면이 추가된다. 경책하고 경계하며 권하라. 이 중 처음 두 명령은 의미가 매우 유사하고, 말씀 사역의 부정적 기능을 보여준다. 비슷한 의미이기는 하지만 존 맥아더는 다음과 같은 말로 두 명령의 차이를 구분하는 통찰력을 보여준다. "경책하는 것은 생각과 관련된 일일 수 있는 반면, 경계하는 것은 마음과 관계된 일일 수 있다."[4] 디모데후서 앞 단락에서 바울이 한 말에 비추어 볼 때 설교자의 임무에 질책과 책망이 포함된다고 해서 놀랄 필요가 없다. 기록된 말씀의 한 가지 기능이 책망이기 때문이다. 이런 명령들은 죄를 지적하고 회개를 요청하는 말씀의 교정적 성격을 겨냥한다. 말씀 전파라는 협소한 범위와 관련한 마지막 명령은 권면이다. 이 단어의 어근은 요한복음 14장과 16장에서 성령을 언급할 때 사용된 단어와 같다. 그분은 파라클레토스^{Parakletos}이고 우리는 파라칼레오^{parakaleo}해야 한다. 우리는 말씀 선포를 통해 성도들을 위로하고 세우며 강건하게 하는 성령의 사역을 확장시켜야 한다.

마지막 네 개 명령은 강단을 넘어 목회 사역의

5장. 장기간에 걸친 충실한 설교

총체적 의미를 포착한다. 신중함은 술과 관련된 영적 지도자의 한 가지 자질로서 이 부분에 국한되지 않고 인생의 모든 영역에도 필요한 자질이다. 신중하다고 평가받는 사람은 "절도 있고 균형이 잡혀 있으며 침착하고 신중하며 한결같고 건전하다."[5] 이런 사람은 영적이고 도덕적이며 지극히 성실하다. 일곱 번째 명령은 마지막에 다루기로 하고, '전도자의 일을 하라'는 명령을 먼저 살펴보자. 우리의 복음 선포는 강대상에서만 이루어지지 않는다는 점을 절대 잊지 말라. 우리는 어디서나 말씀의 씨를 아낌없이 뿌려야 한다. 요약하자면 '네 직무를 다하라'는 것이다. 하나님이 우리를 불러 맡기신 일을 하라.

지금까지 이야기한 명령은 모두 중요하고 각각에 합당한 관심을 기울여야 하지만, 관심을 집중할 에너지는 한계가 있다. 따라서 바울의 명령 목록에서 일곱 번째 명령이자 지금 이 책에서 가장 중요하게 다루는 명령인 '고난을 받으라'에 관해 드디어 설명하려고 한다. 이 구절은 헬라어의 한 단어인 카코파쎄손*kakopatheson*을 번역한 것이다. 이 단어는 무엇보다 시련을 겪는다는 의미가 있다. 바울의 목록에 나오는 모든 단어처럼 이 단어는 부정 과거 시제이자 능동태로 되어 있다. 과거의 행동을 나타내기도 하는 부정 과거 시제가 쓰였기에 고난받는 일이 과거에 디모데에게 일어났던 것인지 정확히 알 수 없다. 그런데 이 부정 과거 시제가 명령형에 적용될 경우 특정되지 않거나 제한되지 않은 미래의 행동과 관련된다. 능동태로 쓰인 데서 알 수 있듯이 이 '행동'은 지속되어야 한다. 따라서 거의 모든 영어 번역에는 '견디다'endure라는 단어가 나온다. 간단한 헬라어 공부로 이 진리를 머릿속에 확실히 각인시키라. 고난이 예상되지만 반드시 견뎌야 한다.

아마 어떤 이들은 이 책을 읽고 나서 주일에 단상 위에 올라 강대상 앞에서 열정적으로 하나님 말씀의 탁월함을 선포할 수 있을지 의아할 수도 있다. 그러나 성령의 능력으로 우리는 할 수 있다. 또한 이것이 하나님의 부르심이기에 우리는 해야만 한다. 바울은 자기반성으로 권면을 마무리한다. 그가 하나님의 은혜로 할 수 있었던 일을 우리도 하라고 말한다. "선한 싸움을 싸우고 경주를 마쳤으며 믿음을 지켰다." 자신이 더 강한 투사가 되었다거나, 더 빨리 달린 선수라거나, 더 좋은 설교자라고 자랑하지 않는다. 바울은 단지 끝까지 인내하고 견딘 사람이었을 뿐이다.

오해하지는 말라. 이 권면은 목사라면 육신이 허락하는 한 매주 모든 설교를 해야 한다는 의미가 아니다. 오히려 이 요청은 장기적으로 꾸준하게 사역의 마라톤을 감당해야 한다는 것이다. 여기서 말하고 싶은 핵심은 사역의 짐을 혼자 떠맡으라거나 인간적 연약함의 한계를 무시하라는 것이 아니라, 우리에게 맡겨진 짐을 끝까지 포기하지 말고 지고 가라는 것이다. 우리의 과업은 단기적으로 보면 생각보다 가볍고, 장기적으로 보면 받아들이고 싶은 것보다 더 무겁다. 매주 항상 탁월하게 설교해야 한다는 압박은 없지만, 충실한 설교를 꾸준히 제공해야 할 의무는 있다. 제임스 보이스 James Boice는 "우리는 보통 1년 내에 할 수 있는 일에 대해서는 과대평가를 하지만, 10년 내에 이룰 수 있는 일은 과소평가한다"라는 말을 한 것으로 유명하다. 이런 명언은 강단 사역에도 적절하게 적용할 수 있다. 야구의 유비를 빌리자면, 헛스윙만 수차례 날리다가 한 번씩 홈런을 날리는 식으로 일관되지 못한 흐름보다는 착실하게 1루타와 2루타로 진출하면서 일생 꾸준한 경기를 할 때 성도들은 더 큰 유익을 누릴 수 있다.

    우리는 예수님이 아니다. 심지어 슈퍼맨 같은 설교자도 아니다. 하나님이 주신 책무와 권한을 지닌 평범한 인간일 뿐이다. 우리는 그 일을 감당할 수 있고, 감당해야 한다. 물론 쉬운 길은 아닐 것이다. 말씀을 신실하게 전파하면 반드시 적대감의 언덕과 무관심과 냉소의 골짜기와 곤경의 웅덩이를 만나게 되어 있다. 하지만 하나님이 명령하신 일이고, 그분이 날마다 힘을 주시기에 우리는 견디고 인내할 수 있다.

3부

장애물을 극복하는 설교

6장

적대감을
이기는 설교

내브라이언가 교회에서 겪은 사연을 들어보았을지 모르겠다. 목사로 부임하고 첫 5년은 잔인하다고 말할 정도로 힘들었다. 내가 부임한 곳은 켄터키 루이빌 남쪽에 위치한 남침례교 교회로 노년 성도가 서른 명 정도 있었다. 2-3년이면 교회 문을 닫아야 할 정도로 재정 상태가 엉망이었다. 나중에 알았지만, 교회는 6개월 이상 사례비를 줄 수 없는 상황에서 나를 초빙했다. 처음 5년 동안 교회는 세 번이나 나를 내보내려고 했다. 첫 번째 시도는 부임한 지 불과 3개월 지난 시점에 일어났다. 이 일은 주도한 사람은 내게 업무를 인계해준 교회 임직원이었는데, 자신이 전임자를 해고했다고 자랑했던 그가 내게도 같은 짓을 하려고 했다.

두 번째 해고 시도는 부임한 지 2년 6개월이었을 때 이루어졌는데, 10년 넘게 교회에 출석하지 않은 명부상의 교인 580명을 확인하려 한 것을 문제 삼았다. 그들은 내 휴가 기간에 나를 쫓아내려고 시도했다. 세 번째 해고 시도는 부임 5년 차에 일어났고, 결국 교인 중 25퍼센트가 교회를 떠났다. 이들 중에는 지난 5년 동안 교회에 등록하여 나와 깊은 교감을 나눈 성도도 있었다. 안개가 걷히자 이미 만신창이가 된 나는 낙심해서 교회를 떠나려고 했다. 교회에 남으려던 이유가 무엇이냐는 질문을 받았을 때 나는 지난날을 돌아보며 두 가지 이유를 발견했다. 첫째, 하나님이 우리를 버리려고 그 모든 일을 겪게 하신 것이 아님을 깨달았다. 적대적인 환경에서도 하나님의 은혜와 역사가 함께했다는 증거가 적지 않았다. 둘째, 히브리서 13장 17절이 뇌리를 떠나지 않았다. "너희를 인도하는 자들에게 순종하고 복종하라 그들은 너희 영혼을 위하여 경성하기를 자신들이 청산할 자인 것같이 하느니라 그들로 하여금 즐거움으로 이것을 하게 하고 근심으로 하게 하지 말라 그렇지 않으면 너희에게 유익이 없느니라." 나는 내가 돌보는 모든 영혼, 심지어 나를 좋아하지 않는 이들도 책임져야 한다는 것을 깨달았다. 그래서 교회를 떠나지 않았다. 나에게 적대감을 드러내는 이들도 일부 남아 있었다. 6년째가 되자 하나님은 권능과 은혜로 배의 방향을 되돌리시고, 우리 교회가 방향을 바꾸어 번성하도록 이끌어주셨다.

교회는 양적으로 성장했고, 더 중요하게는 영적으로도 성장했다. 우리는 많은 사역자와 집사를 세웠다. 그들은 성경에 기반을 둔 사역으로 섬기면서, 성경 말씀이 명시하는 자신의 역할을 잘 알고 그것을 아주 잘 감당했다. 인근 지역에서도 회심자들이 생겼다. 세대는 다양했지만 백인 일색이었던 교인의 비중도 점차 달라져 인종적 다양성을 띠기 시작했다. 인근 지역 공동체에 살고 있던 난민들이 교회에 출석하기 시작했다. 우리는 목회자들과 선교사들을 양성하고 그들을 파송했다. 가장 중요한 변화는 매주 주일 설교할 때 교회당 안을 살펴보면 화가 나 찌푸린 얼굴로 앉아 있던 이들의 표정이 달라진 것이었다. 나에게 노골적으로 적의를 드러내던 이들이 나를 신뢰하기 시작했다. 나를 사랑하게 되었고 나는 그들을 사랑하게 되었다. 그들은 설교를 받아들이게 되었고, 심지어 설교로 전한 말씀을 더욱 사랑하게 되었다. 그 교회를 떠나지 않았던 것이 너무나 기쁘다. 내게 적대적인 이들 중 많은 수가 교회에 머물렀다는 사실도 정말 기쁘다. 주권적인 전능자 하나님이 애통하며 엎드리는 젊은 목사와 낙심하여 상처 입은 사람들의 삶에서 놀라운 구속의 사역을 행하실 기반이 마련되었기 때문이다.

적대감을 이기는 설교

부임하고 첫 5년 동안은 매주 설교할 때 적대적 시선을 가장 생생하게 느꼈다. 수년이나 화가 난 표정으로 찌푸리고 있는 사람들을 상대로 설교를 했다는 말은 결코 과장이 아니다. 나에게 이런 태도를 보이는 것은 35년 동안 2-3년에 한 번씩 목회자가 바뀌면서 목사직에 대해 엄청난 불신이 누적되었기 때문이었다. 그런데 또 다른 이유는 나의 설교 방식이 그들에게 익숙하지 않기 때문이었다. 내가 부임한 교회는 설립된 지 75년이 지났는데 강해 설교를 한 번도 들어본 적이 없었다. 반세기가 넘게 한 가지 형식의 설교를 꾸준히 듣는 경우는 남부 침례교 교회에서는 매우 흔했다. 남부 침례교 교회는 빌리 그레이엄의 십자군 운동에서 강한 영향을 받아 복음주의적인 주제를 중심으로 설교하는 경우가 대부분이다.

교회에 부임했을 때 나는 성경으로 강해 설교를 하기 시작했다. 사람들의 반응은 좋지 않았다. 교인들은 내가 하는 일이 설교가 아니라 성경 공부에 더 가깝다고 생각했다. 나는 강해 설교가 교회에 생명을 불어넣는 하나님의 계획을 실현할 최선의 방식이라고 확신했다. 성경 말씀 한 절 한 절로 설교하는 것이다. 일부 교인의 반발이 거세지는 가운데 하나님은 강해 설교를 통해 그분의 말씀을 듣기를 사모하는 이들을 세워주셨다. 이렇게 첫 5년은 강해 설교 방식으로 교인들의 마음을 얻었고, 동시에 이런 종류의 설교를 원하는 외부 사람들이 꾸준히 교회에 유입되었다. 하지만 끝까지 이런 방식에 적응하지 못하고 결국 교회를 떠나는 이들도 있었다.

5년이 지나자 나를 초빙한 교회 위원회 중 85퍼센트가 세상을 떠나거나 특별히 나의 설교에 좌절해 교회를 떠났다. 처음에 나와 면담했던 위원회의 핵심 위원은 3년 후에 교회를 떠났다. 그녀는 교회를 떠나자마자 내게 편지를 보냈다. 내가 설교하는 방식이 싫어서 교회를 떠났다는 내용이었다. 초창기에 나는 할 말과 하지 않아야 할 말을 분별하여 신중하게 설교하려 했기 때문에 원고를 보며 설교했다. 원고를 보며 정확히 설교하는 데 집중했다. 아마도 나는 원고를 보며 설교하면서도 회중과 더 원활하게 교류하기 위해 더 성장해야 함을 인정하는 최초의 사람일 것이다. 부임 초기에 힘들었던 이유는, 내가 설교자로서 정체성을 확신하지 못하고 고민하던 젊은 설교자였기 때문이다. 막 사역에 뛰어든 젊은 사역자라면 누구나 이런 고민을 하게 될 것이다. 나는 하나님의 말씀을 전할 때 성령이 함께하시면 충분히 건강한 교회를 세워갈 수 있다고 믿었다. 심지어 미숙한 젊은 설교자라도 말이다. 그래서 온갖 곤경과 적대적 반응에도 나는 강해 설교를 고수했다.

물론 그 일이 쉽지는 않았다. 정말 어려웠다. 그러나 감사하게도 하나님의 섭리로 나는 바로 이런 적대적 환경에서 설교를 고수하는 성경적 공식을 배웠고, 열매를 맺는 비결까지 배웠다. 이 비결은 단순하지만 심오하다. 바로 설교는 하되 떠나지 않는 것이다.

설교하되 떠나지 말고 자리를 지키라

교회 부흥에 적대적 상황에서 끝까지 살아남아 열매를 맺기 위한 성경적 공식은 설교하고 그 자리를 지키는 것이다. 이 공식을 설명하기 전에 먼저 알아두어야 할 점이 있다. 교회가 재활성화되어야 하는 상황에서 죽어가는 교회에 지속적으로 영적 생명을 공급하지 못하는 유해한 설교 전략 두 가지를 살펴보자.

첫 번째 유해한 설교 전략은 설교하고 떠나버리는 것이다. 이 책에서 소개한 신념을 공유하는 많은 목회자가 생존에 급급한 교회로 가서 충실하게 설교하는 모습을 여럿 보았다. 그들은 온 마음을 다해 전심으로 성경 말씀을 선포한다. 말씀 연구와 기도에 매진한다. 강해 설교에 집중적으로 노력을 쏟아붓는다. 그러나 금방 조바심이 난다. 하나님의 말씀이 능력이 있다는 말이 말씀을 듣고 사람들이 바로 변화된다는 뜻이라고 생각한다. 그들은 결국 좌절감과 어긋난 기대를 품은 채 다음 교회는 다를 것이라 생각하고 떠난다.

나머지 유해한 설교 전략은 설교하지 않고 머무르기만 하는 것이다. 이것은 앞의 전략과 또 다른 극단에 서 있다. 머무르며 인내심을 갖고 기다리기로 결심하지만, 강해 설교로 하나님의 말씀을 전하는 방식이 위기의 교회를 살릴 해결책이 아니라고 생각하는 것이다. 이런 경우 목회자들은 가볍고 듣기 편한 주제별 설교를 하면서 되도록 사람들의 심기를 거스르지 않는 방식을 택하거나, 아니면 더 심각하게는 설교가 죽어가는 교회를 살리는 수단임을 전혀 확신하지 못하는 상태로 있는다. 이때는 기교, 실용주의, 오락을 긴급 처방용 전략으로 삼는다. 목표는 모두가 행복해지게 하는 것이다.

불행하게도 이 두 가지 설교 방법은 교회를 재활성화하는 일에서 아무 열매를 맺지 못하며, 심지어 양 떼에게 유해하다. 적대감을 견디고 설교한다는 성경 공식은 설교하되 자리를 지키고 떠나지 않는 것이다.

설교하라

5장에서 이미 언급한 대로 신약에서 가장 명확한 명령 중 하나는, 죽음을 앞둔 바울이 마지막 편지에서 젊은 목회자 디모데에게 한 권면이다.

> 하나님 앞과 살아 있는 자와 죽은 자를 심판하실 그리스도 예수 앞에서 그가 나타나실 것과 그의 나라를 두고 엄히 명하노니 너는 말씀을 전파하라 때를 얻든지 못 얻든지 항상 힘쓰라 범사에 오래 참음과 가르침으로 경책하며 경계하며 권하라 때가 이르리니 사람이 바른 교훈을 받지 아니하며 귀가 가려워서 자기의 사욕을 따를 스승을 많이 두고 또 그 귀를 진리에서 돌이켜 허탄한 이야기를 따르리라 그러나 너는 모든 일에 신중하여 고난을 받으며 전도자의 일을 하며 네 직무를 다하라. 딤후 4:1-5

바울이 디모데에게 명령한 것을 보면 교회를 세우기 위한 공식을 알 수 있다. 심지어 죽어가는 교회도 이 공식을 적용할 수 있다. 말씀을 전파하는 것이다. 전후 문맥의 세세한 내용을 보면 이 명령의 명료함이 드러난다.

—무엇을: 엄히 명하노니 너는 말씀을 전파하라 1-2절

—언제: 때를 얻든지 못 얻든지 2절

—어떻게: 오래 참음과 가르침으로 경책하며 경계하며 권하라 2절

—왜: 때가 이르리니 사람이 바른 교훈을 받지 아니하며 3-4절

이 공식은 뒤따르는 여러 권면으로 확증된다. "그러나 너는 모든 일에 신중하여 고난을 받으며 전도자의 일을 하며 네 직무를 다하라." 5절 바울은 그 일이 현재의 모든 신실한 사역자뿐 아니라 디모데의 일이라는 데 어떤 의심의 여지도 남기지 않는다. "항상 신중하며 직무를 다하는 가운데 말씀을 전하라. 이 일을 하는 동안 고난을 받을 것을 알고 있으라." 그러므로 바울은 신실한 사역자의 소명과 과업이 말씀을 선포하는 것이라고 말하는 셈이다. 하지만 종종 이런 말씀 선포의 사명은 적대적 환경에서 수행해야 한다.

머무르라

신실하게 말씀 선포 사역을 감당하는 사역자가 많다. 그중에는 적대적인 환경에서도 지극히 담대하

게 이 사명을 감당하는 이들도 있겠지만, 수년 동안 이 일을 견디며 감당하려고 할 목회자는 그리 많지 않을 것이다. 그러나 성경의 공식은 말씀을 전파하고 머무르는 것이다. 바울은 고린도에 보내는 서신의 말미에서 이 중요한 내용을 알리면서 자신이 아직 그들에게 가지 못한 두 가지 이유를 소개한다.

> 내가 마게도냐를 지날 터이니 마게도냐를 지난 후에 너희에게 가서 혹 너희와 함께 머물며 겨울을 지낼 듯도 하니 이는 너희가 나를 내가 갈 곳으로 보내어 주게 하려 함이라 이제는 지나는 길에 너희 보기를 원하지 아니하노니 이는 만일 주께서 허락하시면 얼마 동안 너희와 함께 머물기를 바람이라 내가 오순절까지 에베소에 머물려 함은 내게 광대하고 유효한 문이 열렸으나 대적하는 자가 많음이라. 고전 16:5-9

바울은 고린도 교인들과 만나기를 간절히 원하면서도 부득이 에베소에 머물러야 하는 두 가지 중요한 이유를 그들에게 설명한다.

바울이 에베소에 머무는 첫 번째 이유는 바울의 사역이 아직 마무리되지 않았기 때문이다. 바울은 다른 계획이 있었지만, 하나님이 그가 있는 곳에 효과적인 사역을 위한 문을 활짝 열어주셨음을 깨닫고 그 계획을 변경했다. 사도 바울은 고린도 교인들을 보기를 간절히 원했고 가서 그들과 한동안 있을 계획을 세웠다. 하지만 하나님의 계획은 달랐다. 그래서 바울은 에베소에 남아서 시작한 일을 계속하기로 했다. 여전히 그가 할 일이 남아 있었던 것이다.

바울이 머무르는 두 번째 이유는 많은 대적 있었기 때문이다. 목회자들은 대적들의 존재와 그들이 드러내는 적대감이 그곳을 떠나 다음 사역지로 가야 하는 증거라고 쉽게 결론을 내리곤 한다. 그러나 바울은 완전히 다른 시각으로 바라본다. 그는 자신이 머물러야 하는 증거를 많은 대적의 존재에서 찾았다.

그러므로 적대적 환경에서 설교 사역을 유지하고 오히려 더 흥왕하게 하기 위한 성경적 공식은 말씀을 선포하고 머무르는 것이다. 사역자들은 하나님이 역사하시도록 충분히 오래 자리를 지키고 끈질기게 말씀을 전하면 말씀이 스스로 교회를 세울 것이라는 사실을 믿어야 한다. 목회자들이 말씀을 전하고 자리를 지키면, 조소와 불만으로 가득한 이들이 집중해서 설교를 듣고 하나님의 말씀을 기쁘게 실천할 것이다.

하나님의 은혜로 나는 이런 영적 결실을 맺을 정도로 한곳에 충분히 머물렀다. 참고 견딤으로 결국 적대감이 기쁨으로 바뀌는 것을 보았다. 6년 차에 우리 교회라는 배가 방향을 돌린 후 나는 과거를 돌아보며 적대감을 이기는 설교에 대해 다섯 가지 중요한 교훈을 배웠다.

말씀을 전하는 자리를 지키면서 얻은 다섯 가지 교훈

말씀을 전하다가 떠난 사람들은 이런 교훈을 배우지 못했을 것이다. 강해 설교를 하겠다는 결정을 타협했더라면 그런 결실을 거두지 못했을 것이다. 그러나 나는 말씀을 전하며 머물렀다. 그로써 나는 사역자가 적대적 환경에서 포기하지 않고 말씀을 전하며 흔들림 없이 자리를 지키게 도와줄 다섯 가지 핵심 원리를 배웠다.

첫째, 말씀이 교회를 세운다고 스스로 정말 믿는지 확인하라. 활기를 잃고 생존이 위태로운 교회로 부임한 젊은 사역자 대다수가 하나님의 말씀으로 교회를 세울 수 있음을 믿는다고 장담한다. 하지만 시간이 지나면 그들은 정확히 정반대로 믿는 것처럼 목회하고 설교한다. 부임 1년 차 사역자들은 종종 어떤 부분은 바뀌어야 하고 교회의 또 다른 부분은 재앙 수준으로 엉망이지만, 아무것도 바꿀 수 없어 화가 난다며 자신들의 실패를 한탄한다. 어떤 사역자들은 좌절감을 이기지 못하고 처음 2년 동안 무리하게 많은 것을 바꾸려다가 해고당한다. 그리고 그 이유조차 모른다.

목회자들은 부임한 즉시 교회에 필요한 가장 중요한 변화를 결정해야 한다. 다시 말해서 어떻게 강단 사역을 할 것인지 정해야 한다. 장기적으로 볼 때 말씀이 교회를 세운다고 진심으로 믿는 사역자는 변해야 하는 나머지 문제도 무시하지 않는다. 그러나 말씀으로 교회를 세운다는 믿음에 부응하려는 목회자라면, 사역을 시작할 때 설교 사역과 교인들을 사랑하는 일에 가장 집중하겠다고 결심한다.

둘째, 당신의 설교를 좋아하지 않는 이들의 말을 경청하고 그 이유를 들어보라. 부임 초기에 나는 인내하고 기다리는 쪽이 나라고 생각했다. 비난과 비판과 나를 쫓아내려는 행동에도 내가 참고 견디고 있다고 생각했다. 내가 더 성실하고 더 너그럽게 교인들을 품고 있다고 생각했다. 찌푸린 얼굴로 못마땅하게 노려보는 이들에게 마음을 다해 성심껏 설교하고 있다고 생각했다. 하지만 세월이 흐르면서 여러 면에서 사실상 정반대였다는 것을 깨달았다. 수십 년 동안 전임 사역자들에게 상처를 받았지만 오랫동안 신실하게 교회를 지킨 성도들이 나를 참고 인내해주고 있었던 것이다. 그들은 특별히 내가 설교자로 성장하도록 나를 참아주고 인내해주었다.

우리 교회의 오랜 교인이자 85세 된 과부인 베티는 부임 초기에 나의 설교를 비판하곤 했다. 그녀는 나의 설교를 좋아하지 않으며 그 이유가 무엇인지 나를 찾아와 말해준 유일한 사람이었다. 나는 그녀의 지적을 한마디로 일축했다. 하지만 그다음 8년 동안 성장하고자 노력하면서 그녀가 옳았음을 알게 되었다. 설교자로 성장하면서 나는 이전에 그녀가 제안했던 방향으로 변화되어왔음을 깨달았다. 그녀는 내가 이런 말을 하면 아주 좋아한다. 게다가 지금은 나의 설교를 누구보다 사랑하고 기다린다. 말씀으로 지친 영혼이 회복된 경험이 있기에 설교가 끝나면 눈물을 글썽이며 내게 인사한다. 그녀를 비롯한 많은 성도가 나를 참아주었다. 특별히 나의 설교를 참아주었다. 당신의 설교를 좋아하지 않는 이들의 말을 귀 기울여 들으라. 끝까지 인내와 가르침으로 설교하고, 그들의 말에 귀 기울이라. 그들이 보여주는 인내를 폄하하지 말라. 하나님은 설교자로 성장시키는 가장 확실한 도구로서 당신을 비판하는 이들을 특별히 사용하신다.

셋째, 말씀이 결코 헛되이 돌아오지 않는다는 사실을 기억하라. 심지어 못마땅한 표정으로 부정적으로 반응하는 이들이라도 말이다. 부임 초기에는 설교하기가 너무나 힘들었다. 나의 설교에 대한 확신이 서지 않았다. 성경을 가져와서 펼쳐보는 이들이 거의 없었다. 많은 교인이 팔짱을 끼고 화난 얼굴로 앉아 있었다. 적대적인 사람들에게 천천히 지쳐가기 시작했다. 그래서 강대상 위에 글귀 하나를 인쇄해서 설교할 때마다 잘 보이는 곳에 붙여두었다. 그 글귀의 내용은 이렇다.

> 사람들의 칭찬을 들으려고 설교하는 것이 아니라, 하나님 말씀의 진리를 선포하려고 설교하고 있다. 청중이 받아들이지 않더라도 하나님의 말씀을 전하는 사역은 충분히 가치 있고 고귀하다.

청중이 어떤 반응을 보이든지 하나님의 말씀이 선포될 때 기쁨을 얻지 못한다면, 적대적이며 활기를 잃은 교회에서 오랫동안 설교하지 못할 것이다. 이것이 많은 사역자가 교회를 사임하는 대표적인 이유다. 우리는 하나님이 설교로 선포되는 말씀을 사용하셔서 수많은 방법으로 역사하고 계심을 믿어야 한다. 심지어 눈에 보이지 않더라도 믿음을 버려서는 안 된다. 우리는 설교하고 견뎌야 할 의무가 있다. 결과는 하나님께 맡겨드려야 한다. 바울이 '말씀을 전파하라'라는 명령에 이어 '고난을 당하고' 그로써 직무를 완수하라고 한 것은 우연이 아니다.딤후 4:1-5 적대적인 환경이라도 설교를 포기하지 않을 때 우리의 직무를 다하는 길로 나아갈 수 있다. 하나님의 말씀은 결코 헛되이 돌아오지 않는다. 심지어 못마땅한 사람들을 대상으로 하더라도 말이다.

넷째, 당신의 설교를 응원은 하지만 칭찬하지는 않는 사람들의 평가를 소중히 받아들이라. 목회자들은 자신을 훌륭한 설교자이자 공감 능력이 탁월한 상담가이며 강한 지도자라고 칭찬하는 이들을 주변에 두고 인정과 격려를 받으려고 할 때가 많다. 이렇게 해서 자신을 무조건 치켜세우지 않는 이들을 피하려고 한다. 이런 일을 방지하기 위해서는 당신의 설교에 지지를 보내지만 냉정하게 평가하는 이들의 조언을 들어야 한다. 이런 역할은 목회자의 신실한 배우자가 가장 잘 감당할 수 있다. 내가 이 사실을 장담할 수 있는 것은 언제나 변함없이 나를 지지하면서도 아주 냉정하게 평가해주는 아내가 있기 때문이다.

—지지자: 배우자는 누구보다 우리를 잘 안다. 우리에게 어떤 고민이 있고, 우리의 단점이나 불완전함이나 잘못이 무엇인지 안다. 그래도 우리에게 흔들림 없는 지지와 사랑과 인정을 보낸다. 또 고통스러운 갈등이나 배신을 당하거나 우리가 하는 최악의 설교에도 실망하지 않고 우리 곁을 지킨다. 적대적인 분위기에서 모든 사역자는 이런 지지가 필요하다.

—냉정한 평가자: 배우자의 흔들림 없는 지지는 목회자에게 매우 중요하다. 하지만 그가 남편이나 아내의 사역을 무조건 장밋빛 안경을 끼고 바라본다면, 가장 잘못된 일을 저지르는 것이다. 목회자의 삶과 사역과 설교에 어떤 맹점이 있는지는 설교자를 지지해주기는 하지만 동시에 그를 냉정하게 평가할 줄 아는 배우자가 가장 확실하고 꼼꼼하게 찾아낼 수 있다. 목회자의 배우자가 그를 맹목적으로 지지하면, 가정에서

대화 중에 드러나는 오만한 부분이나 자기 기만적인 부분들을 목회자가 보도록 돕지 못할 것이다. 이런 태도로는 목회자가 설교자로서 성장하도록 도와줄 목적으로 그의 배우자가 설교를 객관적으로 듣고 평가하기가 어렵다. 배우자가 목회자의 재능에 맹목적이면, 신뢰할 수 있는 성도들의 일관된 비판을 무시하고 싶은 유혹을 받는다.

적대적인 환경에서 설교할 때 모든 설교자는 흔들림 없는 지지가 필요하다. 하지만 적개심으로 가혹하게 비난하는 말을 평가하고, 받아들여야 할 말과 무시해도 되는 말을 분별하도록 도와줄 사람이 필요하다. 목회자의 배우자는 이런 중요한 역할을 대체로 잘 감당할 수 있지만, 배우자라고 다 그런 것도 아니다. 꼭 배우자가 아니어도 모든 목회자는 적대적 환경에서 설교할 때 사역을 지지해주고 냉정하게 평가해줄 사람이 필요하다.

다섯째, 말씀을 사모하고 갈망하는 회중보다 나은 것은 없음을 알아야 한다. 바울이 "너는 말씀을 전파하라 때를 얻든지 못 얻든지 항상 힘쓰라 범사에 오래 참음과 가르침으로 경책하며 경계하며 권하라"고 디모데에게 지시한 이유는, 그 사람들이 시간이 흐르면서 말씀으로 변화될 것을 알았기 때문이다. 부임하고 첫 5년은 매우 힘들었다. 온갖 갈등과 싸움, 투덜거림, 팔짱 끼고 노려보기, 공동체의 공격, 해고 시도 등이 교회에 비일비재했다. 물론 지금은 훨씬 우호적인 곳이 되었다. 누군가가 말씀을 들으며 눈살을 찌푸리고 앉아 있던 곳에서 소망의 눈물을 흘리며 반응하는 이를 볼 때 감격을 주체하기가 어렵다. 예배가 끝나고 나를 꼭 안아주며 설교가 얼마나 유익했는지 격려해주던 베티에게 안부 인사를 받는 것이 얼마나 의미 있는지 모른다. 이전에 그녀는 그 시간을 나를 비판하는 데 사용했었다.

성경을 들고 오는 사람이 거의 없었던 교회를 상상해보라. 지금은 교인들에게 본문의 한 절을 살펴보자고 하면 하나같이 고개를 숙이는 장면이 연출된다. 힘들고 적대적인 환경에서 주님이 역사해주신 덕분에 이제 우리 교회는 어느 곳보다 설교하면서 큰 행복감을 느끼는 곳이 되었다. 시간이 흐를수록 말씀에 대한 갈증이 커지는 회중을 보는 것은 너무나 행복하다. 죽어가는 교회에서 노골적으로 적대감을 드러내며 불만스러운 표정으로 바라보는 이들을 대상으로 설교하다가, 시간이 흐르면서 하나님이 말씀으로 생명을 불어넣어 교회를 살리시는 경험을 했을 때의 만족감은 말씀을 간절히 사모하는 건강한 교회를 안전하게 물려받았을 때 느끼는 만족감과는 또 다르다.

그러므로 목회자들이여, 끝까지 설교를 포기하지 말고 인내하라. 설교는 하나님이 자기 교회를 세우시는 수단이다. 그런 다음 떠나지 말고 머무르라. 설교로 영적인 열매가 분명하게 맺히는 모습을 볼 때까지 포기하지 말고 자리를 지키라. 이런 결실이 이루어지는 것을 볼 때까지 그 자리에 머무르라. 끝까지 기다리면서 하나님이 자기 교회를 어떻게 되살리시는지 보라.

7장

무관심과 냉소를
이기는 설교

브라이언의 이야기를 들으면 나제임스는 항상 감동한다. 초창기에 반대와 여러 번 해고당할 뻔한 일을 겪고, 휴가 없이 오랜 시간 무리하게 사역해야 했는데도 지난해 오번데일에서 사역한 지 15년 된 것을 기념했다니 거의 기적이나 다를 바 없다. 보통 사람이라면 절망해서 포기했거나 화를 내며 싸웠거나 적어도 더 나은 사역지를 찾아 떠났을 것이다. 스스로 조심스럽게 인정하듯이, 브라이언 역시 보통 사람일 뿐이다. 하지만 하나님의 비범한 능력으로 그는 그 교회를 떠나지 않았다. 이 장은 여러 면에서 흥분되는 내용도 극적인 드라마도 없으므로 이런 점을 인정하며 시작한다. 고립이나 극적인 대립이나 크게 내세울 일도 없다.

나는 그렇게 힘든 일을 겪은 적이 없다. 버림받았다거나 혼자라는 생각을 해본 적이 없다. 제대로 사역비를 받을 수 있을지 걱정해본 적도 없고, 공격받거나 조롱당한 적도 없으며, 해고당해서 떠날 수밖에 없었던 적도 없다. 그리고 아내를 잃은 적도 없다. 하지만 나의 위치를 지키는 일이 절대 쉽지만은 않았다. 내가 겪은 어려움은 무섭게 흐르는 강물이기보다 수도꼭지에서 끊임없이 똑똑 떨어지는 물과 같았다. 거대한 반발에 부딪혀본 적은 없었지만, 비난의 잔파도가 멈춘 적은 한 번도 없었다. 파도 한 번으로는 별로 위축되지 않는다. 하지만 이런 잔파도가 멈추지 않고 쉼 없이 들이닥치면 사정이 달라진다. 너무 앞서나가는 감이 있으니 일단 내 이야기를 들려주기 전에 고린도의 첫 성도들에 관해 알아보고자 한다.

혼란스러웠던 고린도 교회

지금 목회하는 교회는 아무 문제가 없는가? 고

린도 교회는 그야말로 심각한 문제가 있었다. 그들은 서로 지지하는 스승에 따라 여러 파당으로 갈려 죽일 듯이 대립하고 있었다. 복음을 제대로 이해하지 못했다. 십자가를 부끄러워했다. 말씀 전파에 확신이 없었다. 기독교적 사역의 본질을 이해하지 못했다. 매우 교만했다. 서로 해치는 방향으로 그리스도인의 자유를 행사했다. 온갖 부도덕한 일 심지어 성적 음행을 허용하고 즐기며 심지어 축하하기까지 했다. 분쟁을 해결하러 세속 법정으로 상대방을 끌고 갔다. 함께 모여 예배드리면 혼란에 빠지는 일이 다반사였다. 주의 만찬에서 취할 정도로 포도주를 다 마셔버리고, 뒤에 예배드리는 사람들을 위해 조금도 남겨놓지 않았다. 영적 은사를 서로 공격하는 무기로 사용했다. 부활의 의미와 진리를 의심했다. 바울이 한 편지에서 지적한 문제가 이 정도였다. 그야말로 대혼란이라고 해도 무리가 없었다.

바울이 생긴 지 3-4년밖에 안 된 이 교회에 수많은 갈등과 분쟁에 관한 편지를 쓸 수밖에 없었다는 사실은 목회자들에게 항상 큰 위로가 된다. 무엇보다도 바울이 먼저 이 편지를 써야 했던 이유가 있었다는 사실 그 자체로 안도하게 되는 것 같다. 위대한 선교사이자 이방인의 사도가 개척하고 목회한 교회가 그가 떠난 후 그렇게 신속하고 심각하게 타락할 수 있었다면, 우리 교인들에게 완벽하기를 기대하는 일은 더 어불성설이 아닌가. 하나님이 이끌고 먹이며 보호하고 돌보라고 맡기신 이 무리는 양과 같은 존재다. 어떤 부분에서든 그들은 모두 취약하고 의지적으로 약한 점이 있으며, 지혜가 부족하고 충동적이며 변덕스러운 점도 있다. 하지만 목회자인 우리가 양을 돌보는 역할을 맡았더라도 우리 역시 양과 같은 존재임을 잊어서는 안 된다. 영적으로 연약한 본성이 우리 안에도 분명히 있다.

편지의 각 부분을 자세히 살펴보면, 바울이 글로에의 종들이 전한 여러 문제와 고린도 교인들이 질문한 문제에 대답한 내용에서 목회자에게 필요한 직간접적 교훈을 확인할 수 있다. 이 글을 쓰는 취지에 맞게 고린도전서 3장에 나오는, 다툼과 파벌 싸움에 관해 바울이 책망한 내용을 집중적으로 살펴보려고 한다. 바울은 서신의 첫 몇 장을 할애해 이런 문제들의 치명적인 성격을 다루었고, 이 단락에서는 그 문제들을 초래한 한 가지 원인을 살펴본다. 그것은 서로 섬기는 스승을 두고 파당이 생겼기 때문이다. 그는 이 문제를 먼저 고린도전서 1장 12절에서 지적하고 3장 4절에서 수사적 질문으로 다시 거론한다. 바울은 아무리 위대한 스승이라도 주의 종에 지나지 않기 때문에 이런 모든 다툼이 어리석을 뿐이라고 주장한다. 교회나 하나님을 섬기는 종들과 사역의 효과는 모두 하나님께 속한 것이다. 그렇다면 가시적인 사역의 효과는 하나님이 주시는 것이며 반드시 해당 사역자가 신실하다는 증거는 아니다. 바울은 현재 겉으로 드러난 성과가 어떠하든지 우리가 수고한 사역의 진정한 성격은 마지막 날 하나님 심판의 불에서 드러날 것이라고 경고한다. 그러므로 종에 불과한 사람을 섬기지 말고 하나님께 충성해야 한다.

이 본문에서는 역시 교회 내 분파주의를 직접 겨냥한다. 바울은 그들의 분쟁과 우월 의식을 보고 가슴 아파했다. 교회는 하나님의 것이지 바울이나 아볼로나 게바의 것이 아니라고 했다. 이를 가장 명확하고 확실하게 적용한다면, 일치에 대한 요청이다. 그리고 이런 일치에 대한 그의 논증은 교회와 기독교적 사역에 대한 올바른 이해를 토대로 하고 있다. 그는 5절부터 9절에 걸쳐 복음 사역자는 하나님의 동역자이며, 각 교회는 "하나님의 밭이요 하나님의 집"이라고 주장했다.

그는 이 두 유비를 10-15절까지 확대하여 복음 사역이 그리스도 안에서 시작된 건축 프로젝트의 연장에 불과하다고 설명한다. 건축자로서 이 일에 참여하는 특권은 하나님이 주신 '은혜'이자 자격 없이 받은 선물이다. 그러므로 우리는 이 사명을 충실하게 감당할 책임이 있다. 단기적으로는 우리 수고의 참된 가치를 하나님만이 아신다는 사실을 알아야 한다. 그러나 결국 이 진실은 드러날 것이며 지상에서 탁월한 건축가로 보였던 사람이라도 "구원을 받되 불 가운데 받은 것 같[을 것이다]."

이 소단락의 결론은 이른바 건축가들에게 주는 경고다. 바울은 '너희'라는 복수를 사용해 회중은 성령이 거주하시는 하나님의 성전이라고 설명한다. 6장에서 이 은유를 개인에게 적용하여 유사한 내용을 주장했지만, 여기서는 집단으로서 그들이 하나님의 소유이며 하나님이 그들 안에 내주하심을 말하고 있다. 핵심은 17절의 경고에서 잘 드러난다. "누구든지 하나님의 성전을 더럽히면 하나님이 그 사람을 멸하시리라." 이 경고는 분열적인 행동으로 교회를 '파멸에 이르게 하는' 교회 지체들을 직접 겨냥한다. 우리는 사역의 이행과 관련해 사람이 아니라 하나님께 책임을 지게 될 것이다.

바즈타운은 고린도와 어떤 관련이 있는가?

여러 면에서 전혀 관련이 없다. 켄터키 바즈타운은 고린도라는 고대 도시와는 수백 킬로미터 떨어져 있다. 고린도는 1세기 로마 제국에서 상업적 정치적 문화적으로 중요한 요충지였다. 이 도시는 고대 그리스 본토와 해상로를 연결하는 중요한 지점에 위치했으며, 본토와 산이 많은 남부 지역을 이어주는 전략적인 지역이기도 했다. 양쪽에 바다를 끼고 있으므로 동쪽과 서쪽에 항구가 있었다. 따라서 이 도시는 육로로 남북을 오가는 여행자들과 해상으로 동서를 오가는 여행자들이 만나는 곳이었다. 고대 도시의 인구 추계는 편차가 큰 것으로 악명 높지만, 고린도의 인구수가 어마어마했다는 데는 대체로 동의한다. 어떤 이들은 75만 명 정도였을 것으로 추산한다. 사방에서 여행자들이 끊임없이 유입되는 동시에 많은 인구수로 인해 여러 지역의 문화적 영향을 받았다.

그러나 편리함이 여행자가 몰리는 유일한 이유가 아니었다. 고린도는 그리스의 수도로 그 지역 로마 행정의 중심지였을 뿐 아니라 이스트미아 경기가 열리는 곳이었기 때문에 사회적 정치적 경제적 이유와 즐길 거리를 찾아 매년 수천 명이 이곳을 방문했다. 또 이런 요인 외에 고린도는 성적으로 매우 문란한 이방 도시였다. 특별히 사랑의 여신인 아프로디테를 비롯해 수많은 그리스 신의 신전이 있었다. 종종 그랬겠지만 "악덕과 종교가 나란히 번성했다."[1] 고린도인은 로마 제국에서 성적 부도덕의 경계를 넓힌 것으로 유명하다. 고든 피Gordon D. Fee가 요약했듯이 "이 모든 증거는 바울의 고린도가 고대 세계에서 뉴욕이자 로스앤젤레스이고 라스베이거스였음을 암시한다."[2]

인간적인 기준으로 보면 고린도 교회는 자랑할 만했다. 사도행전 18장에서 누가가 기록했듯이, 이 교회는 세계에서 가장 유명한 기독교 선교사인 사도 바울이 전한 말씀으로 세워졌다. 바울은 2차 선교 여행 때 이 교회를 개척했고, 주후 50년 가을에 이곳에 도착했을 가능성이 매우 크다. 그런데 바울은 그때까지 보였던 행적과 달리 이 신생 교회에서 18개월가량 시간을 투자했다. 이 교회의 첫 회중은 바울 외에 어느 정도는 아굴라와 브리스길라가 이끌었고 후에는 아볼로가 이끌었다. 이 교회는 복음의 강력한 기지 역할을 했다.

이와 달리 바즈타운인구 13,227명은 미국에서 가장 아름다운 소도시 중 하나다.[3] 여기는 상업, 정치 혹은 문화 중심지라고 자랑할 만한 곳이 없다. 루이빌 남쪽으로 64킬로미터, 렉싱턴 남서쪽 97킬로미터 지점에 자리한 이곳은 주요 주간 고속 도로망을 연결하는 준 주도로에 위치했지만, 누구도 이 도시를 중요한 여행 명소라고 하지는 않을 것이다. 몇몇 여행 사이트에서 홍보하고 여행객 수천 명 정도가 매년 방문하지만, 누구도 이 도시를 중요한 여행 명소라고 하지는 않는다. 또 켄터키에서 열세 번째로 큰 도시로 아름다운 시설과 멋진 식당이 일부 있기는 하지만, 역시 고대 고린도에 비할 바는 못 된다.

영적인 문제에 관한 한 이 도시는 다른 도시만큼이나 암울하다. 문화적 기독교에 여러 형태로 우상 숭배가 스며들어 있었다. 굳이 심층적으로 조사하지 않더라도 갈라디아서 5장 19-21절에 나오는 15개에

달하는 육신의 일이 이곳에서 모두 현저하다는 점을 확인할 수 있다. 그러나 고린도 사람 대부분은 이런 사실을 대놓고 자랑하지는 않을 것이다. 이 도시는 소위 '레드 스테이트(공화당을 지지하는 보수적인 지역)'에 해당하며, 대다수가 유대-기독교 이상과 일치하는 도덕성과 사회 규범을 중시한다.

고린도와 비교되는 또 다른 부분은 바울이 방문했을 당시 교회가 한 곳도 없었지만 바즈타운은 교회가 많다는 점이다. 독립 전쟁 이후 이곳은 애팔래치아산맥 서쪽에 있는 로마 가톨릭교의 첫 번째 중심지였으며, 1808년에 서부 국경에 첫 번째 교구가 생겼다. 오늘날 인구의 4분의 1이 좀 덜 되는 수가 로마 가톨릭인데, 열성적인 개신교도 몇백 명 덕분에 그 수가 가톨릭 신자의 수를 넘어섰다. 그리고 현재 개신교도는 4배나 늘었다. 주류 개신교나 흑인 개신교와 같은 다른 집단에 속한 소수도 있지만, 여전히 단일 범주로 인구의 가장 높은 비율을 차지하는 이들은 무교다. 이처럼 바즈타운은 고린도와는 전혀 다르지만, 이 소도시의 타락상은 상당히 심각하다.

이런 설명이 과도하게 보일지도 모른다. 하지만

이 도시에서 살며 사역했던 나에게는 설명에 꼭 필요한 배경이다. 가톨릭 문화가 깊이 뿌리 내렸다는 점과 지난 20년간 복음주의 교회들이 크게 성장했다는 점이 중요하다. 나는 2010년 여름에 파크웨이 침례교회에서 목회하기 위해 이 도시로 이사했다. 이 교회는 1996년에 설립되었는데, 당시 약 2백 명이 대거 다른 교회에서 이 교회로 교적을 옮겼다. 흥미로운 이야기이지만, 내가 직접 경험한 내용은 아니기에 이 부분은 사실을 정확히 아는 사람에게 듣는 편이 좋겠다.

1996년 이전에 일어난 일은 제쳐두더라도 그다음 12년 동안 일어난 일은 확실한 기록으로 남아 있다. 교회는 교인 수와 주일 출석률이 급속히 늘어나 2001년에는 평균 주일 출석률이 최고 5백 명에 달했고, 2008년에는 8백 명이 넘었다. 2001년에서 2008년까지 매년 백 명 이상 교인 수가 늘어나면서 수십 명씩 세례를 주고, 이들이 정식 교인으로 등록한 것을 축하했다. 교회에서 사용한 방법론은 윌로우 크릭 교회와 새들백 교회에서 사용하여 유명해진 매력적인 모델을 차용한 것이었다. 사람들의 전언에 따르면, 이 시기의 교회는 왕성한 성장을 자랑하는 건강한 교회였다.

이 책에서 구체적으로 말할 필요는 없지만, 교회 내 다툼으로 결국 교회의 유일한 사역자가 2008년 12월 교회를 사임했다. 18개월 후 내가 부임했을 때 상황은 답보 상태였지만 교회의 건강 상태가 악화하고 있다는 징후가 나타나고 있었다. 2009년 실시한 교회 건강성 조사에 따르면,[4] 교회는 복음 전도, 제자 훈련, 교제, 사역, 기도, 예배라는 여섯 가지 전 분야에서 최소한 부분적으로 건강하지 못함을 보여주었다. 하나님이 이 사람들을 목양하도록 이끄신 이유와 전망을 생각해봤을 때 미래는 과거와 같지 않으리라는 점이 분명했다. 그들의 가치 체계는 인간 중심적 사역 패러다임을 기반으로 했고, 나는 이런 패러다임이 교회의 장기적 활력을 위험에 빠뜨린다고 확신한다. 전체 이야기를 파악할 필요가 없지는 않지만, 설교 사역에 초점을 맞추는 것이 문제의 핵심을 확인하고 이 책의 주제를 진행하는 데 부합할 것이다.

나는 2010년 7월 11일에 빌립보서 1장 1-11절 말씀으로 목회자로서 첫 설교를 했다. 겉으로 보면 대체로 모든 면에서 평상시와 다를 바가 없었다. 설교는 그 교회의 보통 설교 시간보다 몇 분 더 길었다. 그러나 다음 주에 빌립보서 말씀을 이어서 설교하겠다는 광고에 교인들은 큰 충격을 받았다. 교회 역사상 처음으로 11주 연속으로 성경의 한 권을 절별로 연구하고 공부했기 때문이다. 그 후에는 여호수아서를 선택하여 연속으로 공부했고, 역시나 많은 교인이 놀라는 눈치였다. 그해 12월 한 달 동안은 요한복음 서언을 공부했다. 다음 새해가 되고서는 많은 사람의 분노한 표정을 뒤로하고 연속으로 사도행전을 공부하기 시작했다. 사도행전 1장 1절부터 8장 8절까지 한 절씩 공부하는 데 그해 한 분기를 투자하고, 이후에는 구약의 말라기를 공부했다. 이렇게 지난 8여 년 동안 이 작업을 계속했다.

그동안 해왔던 교회 설교와 달라진 점은 단순히 신약 성경 아홉 권과 구약 성경 다섯 권과 다른 성경책들을 집중적으로 공부했다는 점이 아니다. 물론 이것도 이전과는 매우 다른 부분이긴 했다. 강해 설교에 집중하는 강단 사역 방식은 그동안 그들에게 익숙한 주제별 설교 방식과는 극명한 대조를 이루는 이질적인 경험이었다. 나는 교인들이 언제 출석하더라도 보고 즐길 수 있도록 가능한 한 편안하고 듣기 좋은 회중 예배를 계획하기보다 성도들이 예배의 모든 측면에 참여할 수 있도록 순간순간을 조율하기 시작했다. 여기에는 집중적인 노력을 통해 선포되는 하나님 말씀을 적극적으로 귀 기울여 듣는 것도 포함된다. 강해 설교(4장에서 소개했듯이)는 역사적이고 문예적이며 성경적 문맥을 살핀 다음 성경 본문을 충실하고 꼼꼼하게 설명하는 작업이 포함된다. 이렇게 하려면 설교자는 말씀을 많이 연구해야 하며, 듣는 이들 역시 설교 현장에서 큰 노력을 기울여야 한다.

이 장의 제목이 암시하듯이, 이런 나의 설교 사역에 사람들이 보인 지배적 반응은 무관심과 냉소였다. 일부 교인은 온건한 형태로 적대감을 드러냈지만, 가장 일반적으로는 무관심이나 빈둥거림, 의욕 저하와 같은 식으로 불쾌감을 표현했다. 몇몇 성도는 무지함 때문에 성경적 설교의 가치를 폄하하거나 외면했지만, 더 많은 진정한 성도가 하나님 말씀의 골자를 알거나 흡수할 영적 성숙함이 부족해서 냉소적 반응을 보일 때가 많았다. 그 후 사람들은 크게 세 부류로 나뉘었다. 첫째, 성경 강해로 너무나 많은 사람이 영적인 성숙과 성장을 경험했다. 그들은 이제 말씀을 더욱 사랑하고 이해하는 안목을 갖추어가고 있었다. 하지만 말없이 교회를 떠나 다른 교회에 출석하는 사람들도 있었다. 마지막으로, 끝까지 남아 지금까지도 끈질기게 비판의 목소리를 내는 사람들도 있었다. 이런 반응에 '박해'라는 단어까지 쓰기는 망설여지지만, '고난'이라는 단어는 망설이지 않고 쓸 수 있을 것 같다. 목회자로서 교인의 출석률이 천천히 줄어드는 모습을 지켜보거나 끊임없이 비판을 듣는 일은 여간 고통스러운 일이 아니다.

바로 앞에서 출석률에 대해 언급했지만, 최근의 평균 출석률만을 따로 살펴보면 사정을 알 것이다. 2018년 9월 말경 전체 예배에 출석한 교인 수는 평균 433명이었다. 예전과 거의 4백 명 차이가 난다. 이 중에는 직장 때문에 이사한 사람도 다수 포함되지만, 대부분은 바즈타운에 그대로 살면서 다른 교회에서 예배드리기로 한 경우다. 일부는 관계상의 갈등이나 사역 관련 문제로 교회를 떠났지만, 많은 사람이 내 설교가 교회를 떠나는 결정적 이유라고 말했다. 너무나 가슴 아픈 일이다!

교인들이 교회를 떠나는 모습을 지켜보며 그것이

내 탓이라는 사실을 아는 것도 힘들지만, 불만스러운 얼굴로 자리를 지키고 있는 모습을 봐야 하는 것도 그에 못지않게 힘들다. 이곳에서 사역한 지 8년이 흘렀지만, 여전히 거의 매달 새로운 사람에게서 내 설교를 비판하는 소리를 듣는다. 그런데 그 비판은 10년 전에도 똑같이 들었던 소리다. 주일마다 설교하는 사람이라면 분명 월요일 아침에 찾아오는 우울증에 익숙할 것이다. 주일에 강대상에서 온 마음과 영혼을 쏟아부은 뒤에 찾아오는 기분 나쁜 낙담과 죄책감, 수치심의 어두운 그림자는 내가 지상에서 최악의 목회자나 설교자일지도 모른다는 절망스러운 기분으로 바뀐다. 당신의 설교에 대한 불쾌감을 말로 표현하는 사람들 때문에 그런 불안감이 매주 매달 매년 계속된다고 생각해보라.

　내가 격려를 받은 적이 한 번도 없다고 말하려는 게 아니다. 여러 사람이 한결같이 나를 격려해주고 내 설교를 인정해주었으며, 더 중요하게는 하나님의 말씀 선포를 통한 그분의 사역을 인정해주었다. 하나님은 파크웨이에서 그분의 나라를 건설하고 계시며 선한 일을 하고 계신다. 말씀 사역으로 수백 명이 견고하게 세워지고 있다. 고비가 찾아올 때마다 수많은 사람이 나를 격려해준다. 내가 있는 밭은 이사야 시대만큼 딱딱한 밭은 아니다. 하지만 어떤 부분에서는 딱딱한 것도 사실이다. 여러 사람이 인정하고 격려해주며 함께해주지만, 한 사람이 던진 비판에 그대로 무너지는 듯한 마음이 들 때도 있기 때문이다. 왜 이런 감정이 어리석고 위험한지 논리적으로 설명할 수 있지만, 이런 감정을 극복하려면 성령의 도우심이 필요하다. 또 이것은 가장 어려운 일이라고 할 수는 없지만, 절대 감당하기 쉬운 일은 아니다. 실상 이런 일을 당했을 때 무너지는 듯한 경험을 한 적이 한두 번이 아니었다.

이런 위험이 심각한 이유는 사소한 문제들이 사역의 기쁨을 고갈시키기 때문이다. 정면을 공격당하는 강렬한 경험이라거나 드라마 같은 극적인 대결이라고 할 수는 없으나 끊임없이 듣는 비난의 목소리는 거의 자포자기할 마음이 들 정도로 사람을 지치게 한다. (거의 모든) 목회자 안에 있는 비현실적인 기대와 교만의 치명적인 조합으로 불안감의 무게에 눌려 끝까지 견디고 포기하지 않겠다는 결심은 천천히 증발해버린다. 사역의 성공이 우리를 기다린다는 잘못된 생각은 그 가능성이 제대로 실현되지 않을 때 시기심과 모욕의 씨앗을 틔울 것이다. 그러면 추는 교만의 정반대인, 자기 자랑에서 자기 연민으로 기운다. 우리 내면의 좌절감은 낙담의 불씨를 되살리는 비판의 낙인으로 거세게 타오른다. 이 불은 처음에는 관심을 끌 정도로 뜨겁고 밝게 타오르지 않는다. 그래서 아무 관심도 끌지 못한 채 불씨가 꺼져버린다.

이것은 물에 개구리를 넣고 천천히 삶거나 한 번에 작은 조약돌을 한 개씩 넣어서 배낭을 채우는 일에 비교할 수 있다. 완전히 기진할 정도로 무거운 짐을 얹어주고 싶다면 가방에 큰 돌을 넣지 말라. 시도하기도 전에 너무 무거워서 포기하려 할 것이다. 매주 배낭에 조약돌 한두 개씩만 계속 넣어보라. 그러면 무게의 변화를 알아차리지 못할 것이다. 미처 알아차리기도 전에 감당하기 어려울 정도로 무거워져 있을 것이다. 대놓고 반대하는 적도 없고 치열하게 싸울 싸움도 없다. 그 대신 성실한 설교에 보인 냉소 때문에 어떤 사람은 다른 사역지를 찾아 떠나고 어떤 사람의 마음은 천천히 떠날 것이다. 한 번의 상실이나 신랄한 비난으로는 완전히 무너지지 않는다. 하지만 이런 일이 누적되면 지쳐서 결국 완전히 무너지는 순간이 온다. 그 순간에 가장 큰 위험은 새로운 배낭을 찾아 떠나는 것이다. 때로 새로운 사역지를 찾기도 하고 때로는 낙심해서 강단을 외면하게 된다. 물론 사역지를 옮겨야 할 때가 있다. 하지만 냉담한 회중에 대한 부담이 그렇게 행동하는 이유가 돼서는 안 된다.

형제들이여, 나는 여러분과 같은 길을 걸어가며 이 글을 쓰고 있다. 경주를 다 마친 것도 아니고 승리자의 왕관을 쓰고 있는 것도 아니다. 이 싸움은 여전히 내게는 현재 진행형이다. 여러분이 어떤 상황인지 공감할 수 있고 하나님의 은혜로 희망의 말을 선사할 수 있다. 고린도전서 3장으로 돌아가 보도록 하자.

무관심과 냉소를 견디게 도와줄 격려의 말

하나님의 섭리하심으로 파크웨이에 부임하기 몇 달 전에 팀을 이루어 고린도전서를 가르칠 기회가 있었다. 내가 맡은 본문 중 하나는 고린도전서 3장 5-17절이었다. 당시 정리한 노트를 보면 하나 됨을 이루며 성숙하도록 우리를 권면하는 식으로 교인들에게 그 본문을 적용했던 것을 확인할 수 있다. 설교를 준비할 때 바울의 의도를 최대한 존중하고자 노력했고, 그것이 이 본문을 가르치는 가장 적절한 방식이라는 생각은 지금도 여전하다. 그러나 지난 몇 년 동안 이 본문을 여러 차례 다시 살펴보면서 무관심하고 냉소적인 회중을 섬기는 목회자에게 중요한 몇 가지 시사점을 발견했다.

첫째, 우리는 주님의 교회에 주는 하나님의 선물이 아니다. 바울은 씨를 뿌리고 아볼로는 물을 주었지만 두 사람 다 아무것도 아니었다. 그들은 고린도라는 밭에서 하나님의 정원 일을 맡은 도구였다. 정원에서 채소를 수확했다고 갈퀴가 그 공을 인정받는 것이 아니듯이, 설교자는 설교로 자란 열매를 수확한 공로를 인정받을 자격이 없다. 그렇다고 실망하지 말고 바울의 권면으로 다시 균형을 회복하도록 하자. 사도 바울은 고린도 교회에 주는 하나님의 선물이 아니었다. 그는 근본적으로 변화되고 구체적으로 훈련받은, 성령의 능력을 힘입은 일꾼이었다. 결국 그는 아볼로나 크리소스토무스나 조지 횟필드나 찰스 스펄전이나 존 파이퍼나 당신과 다름없는 사람이었다.

형제자매들은 각자의 성실한 수고에 걸맞은 존경과 명예를 얻을 자격이 있다. 그러나 하나님의 군대에 슈퍼스타는 없다. 오직 주인을 위해 목숨을 내놓는 병사들만 있을 뿐이다. 많은 젊은이가 위대한 성자의 반열에 오르기를 바라며 첫 부임지로 가지만 고린도전서 3장 7절을 기억한다면 교인들을 더 잘 섬길 수 있을 것이다. "그런즉 심는 이나 물 주는 이는 아무것도 아니로되 오직 자라게 하시는 이는 하나님뿐이니라."

둘째, 우리는 하나님이 교회에 주시는 선물이다. 오타가 아니다. 첫째와 둘째의 차이는 매우 중요하다. 미국의 셀럽 문화가 복음주의 교회까지 침투했다. 사람들은 일부 설교자와 교사의 비범한 은사를 감사하는 것을 넘어서 영웅시하고 숭배하며 분별력의 총체적 결여를 보여주었다. 미디어의 발달 덕분에 우리는 '좋아하는' 설교자를 오디오나 비디오로 얼마든지 만날 수 있다. 신자들이 주중에도 말씀의 향연을 즐길 수 있으므로 기뻐해야 마땅하지만, 건강하지 못한 비교와 비현실적인 기대를 부채질할 수도 있다는 위험도 있다. 나는 알리스테어 벡, 존 맥아더, 매트 챈들러, 데이비드 플랫, 존 파이퍼, 마크 데버, 스티븐 로슨이나 그 외 많은 설교자의 영향을 받았다. 내게 묻는다면 당연히 그분들이 나보다 훨씬 뛰어난 설교자라고 답할 것이다. 그리고 우리 교회 교인들에게 선택하라고 한다면, 내가 아닌 그들 중 한 사람을 선택하리라고 예상한다. 자조나 연민이나 거짓 겸손으로 이런 말을 하는 것이 아니라 사실이 그렇다고 믿기 때문이다.

그러나 그들이 탁월한 지성과 능력을 갖추었음에도, 하나님은 그들 중 누구도 파크웨이 침례교회로 보내지 않으셨다. 무한한 지혜와 은혜로운 섭리로 하나님은 나를 보내셔서 이 밭에서 수고하게 하셨다. 바울의 말을 빌리자면 '주께서 이 일을 내게 맡기신' 것이다. 그러므로 다른 사람이 이 직무를 완수할 수 없다. 이 분야에 대한 그들의 적합성을 평가하고 그들이 더 적임자처럼 보일지라도 하나님은 분명히 동의하지 않으실 것이다. 그렇다고 교만하거나 자랑할 필요는 전혀 없다. 다만 이 진리 앞에서 각자 하나님이 자신에게 맡기신 은사에 맞게 신실하게 섬길 수 있게 하신다는 겸허한 확신을 품어야 한다.

셋째, 우리는 수많은 건축자 중 한 명일 뿐이다.

하나님은 이 순간 교인들을 당신에게 맡기셨을 뿐 당신이 그들에게 필요한 유일한 사역자는 아니다. 기성 교회에서 사역하고 있다면 이 점은 더욱 명백해진다. 이 밭에서 앞서 이미 많은 이가 수고했고, 주님이 허락하시면 더 많은 사람이 당신의 뒤를 따르게 될 것이다. 당신이 교회를 개척했다고 해도 기초는 예수님이시고 당신의 교회는 하늘에서 갑자기 떨어진 것이 아니다. 사역을 완수하기 위해 함께 조력하며 수고할 다른 사역자나 장로들이 교회에 필요할 수도 있다. 결국 당신이 떠나더라도 교회가 계속 존속하기를 원하리라고 나는 확신한다. 당신이 맡은 사역 과제가 있는데도 회중의 과거와 현재, 미래에 있을 목회적 필요를 당신이 다 채워줄 수는 없다. 하나님은 당신이 부임하기 전이나 부임하고 나서 혹은 그곳을 떠난 뒤에도 사역할 일꾼들을 그곳으로 보내주실 것이다.

  이 단락에서 바울은 자신이 고린도 교회 교인들의 필요를 다 채워줄 수 없다는 사실을 알고 있음을 분명히 밝힌다. 그는 예수님이라는 토대 위에 교회를 짓고 있을 뿐이며 아볼로와 같은 다른 이들이 사역의 바퀴에 꼭 필요했다. 이 원리는 고린도에만 해당하지 않는다. 에베소 교회는 디모데 외에도 다른 일꾼이 필요했다. 메트로폴리탄 태버내클은 스펄전이 사역을 끝낸 뒤에도 계속 존속했다. 존 맥아더가 사임하더라도 그레이스 커뮤니티 교회는 사라지지 않을 것이다. 하나님의 은혜로 우리 교회는 우리보다 오래 살아남을 것이다. 그러므로 교인들을 향한 하나님의 사역을 장기적인 시각으로 바라보고 우리에게 맡겨진 사명을 감당해야 한다. 하나님이 맡기시는 기한까지 그 짐을 지고 가되 다음 사람에게 그 짐을 정중하게 넘겨주라.

넷째, 영원을 바라보며 사역할 책임이 있다. 외형적인 성과에 상관없이 어떤 인간도 한 개인의 사역이 갖는 영원한 의미를 측정할 수 없다. 심판의 불에 진실이 드러난다고 생각하면 모골이 송연해진다. 두 사역이 인간의 눈에는 동일하게 보일지 모르지만, 하나는 영원한 가치를 지니고 다른 하나는 무가치함이 드러날 것이다. 12절의 물질은 두 범주로 구분된다. 불로 정화되는 물질과 불에 타서 없어지는 물질이다. 어떤 공적은 심판을 견디고 그대로 보존되므로 그 건축자에게 보상을 받지만, 그렇지 않은 공적은 불타서 없어지고 말 것이다.

이 단락은 모든 신자, 특히 목회자에게 적합한 경고를 담고 있다. 우리는 예수님이라는 터 위에 집을 지어야 한다. 편지의 앞부분에서 바울이 한 말을 빌린다면 십자가의 말씀을 전파하고 오직 신령한 사람만이 분별하는 영적인 일을 알리는 노력을 게을리해서는 안 된다. 모든 청중이 이 말씀을 다 파악하거나 이해하지 못해도 형제들이여, 우리는 쟁기를 꼭 잡고 영원을 위해 집을 지어야 한다.

다섯째, 교회는 하나님의 것이고 하나님은 우리보다 교회를 더 사랑하신다. 바울은 이 단락을 해당 약속에 따른 경고로 마무리한다. 교회는 하나님의 것이다. 하나님은 교회를 사랑하신다. 그래서 자기 아들을 보내어 대신 죽게 하셨다. 성령을 보내셔서 그 안에 거주하게 하셨다. 하나님은 교회를 세우시고 보호하실 것이다. 집으로 끝까지 데려오실 것이다. 궁극적으로는 교회에 해를 끼친 이들에게 갚아주시고, 교회를 위해 희생한 이들에게는 상을 주실 것이다. 우리가 섬기는 회중을 더욱 사랑하며 그들과의 교제를 누리는 우리가 되기를 기도하지만, 절대 이 양 떼를 하나님보다 더 사랑하지는 못할 것이다. 하나님은 이들의 궁극적 선을 위해 매진하시

며 그 안에 착한 일을 시작하셨고 마지막 날에 완성하실 것이다.^{빌 1:6}

그러므로 교인들을 이끌고 먹이며 보호하고 돌보는 일에 하나님의 본을 따르라. 그들의 궁극적 선을 위해 매진하는 일을 끝까지 포기하지 말라. 하나님의 최선이 아닌 어떤 것에 안주하지 않도록 하라. 영적인 칭찬이라는 사탕이 아니라 하나님 말씀의 실체를 제공하라. 신실한 수고의 영원한 보상을 순간적인 인기의 박수갈채와 맞바꾸지 말라. 양들을 오래 참아주라. 우리가 애쓰는 것을 알아주지 않더라도 그들을 사랑하라. 형제들이여, 이 일을 끝까지 포기하지 말라.

8장

곤경을
이기는 설교

대부분 이런저런 형태로 하나 정도는 갖고 있다고 생각하는 것이 있다. 결혼한 지 20년이 넘는 동안 아내와 나제임스는 항상 부엌 서랍장을 이 용도로 사용해왔다. 이 서랍장은 우리 집의 중심, 쉽게 접근할 수 있는 자리에 있다. 그런데 이 서랍장의 서랍이 그리 크지 않기 때문에 여기에 물건을 넣으면, 그것이 으레 뒤로 빠져 아래 놓인 팬이나 그릇 위로 떨어진다. 이 서랍에는 자주 쓰지만 눈에 띄게 하고 싶지 않은 자잘한 물건들을 넣어둔다. 그래서 이 서랍에 꼭 넣어두게 되는 몇 가지 물건이 있다. 펜과 연필, 마커 펜 최소한 한 개 이상, 메모장, 고무줄,

종이 클립, 교회 주소록, 제품 사용 설명서, 작은 스크루드라이버 두 개, 가위 한 개, 면도날 등이다.

이런 기본적인 물건 외에 서랍 한 칸을 다 차지하는 것을 넣어둘 때도 있다. 몇 달이고 서랍에 있어도 정말 필요한 경우가 아니면 찾아보지 않을 배터리 같은 물건 말이다. 그런데 펜을 찾다가 압정의 날카로운 침에 찔린 적이 여러 번 있었기에 이것은 이 서랍에 넣어두지 않으려고 한다. 어떨 때는 쓰지 않는 차고 개폐기를 1년 이상 넣어둔 적도 있다. 이 물건이 필요할 때가 분명히 올 테고, 그러면 찾기 쉽게 가까운 곳에 이것을 두어야 한다. 만약 이것을 서랍 안에 억지로 밀어 넣어두면, 결국 머리가 납작한 작은 스크루드라이버를 찾느라 한참 서랍을 뒤져야 한다.

투덜거리는 소리가 들리는 것 같지만, 이 서랍은 매일 생활 속에서 쓰이는 잡다한 물건을 넣어둘 수 있는 합리적 해결책이다. 누구든지 이런 물건을 보관하는 저마다의 장소가 있을 것이다. 마찬가지로 우리는 곤경이라는 단어를 이렇게 두루뭉술한 범주를 아우르는 표현처럼 사용한다. 교회 내의 노골적인 적대감과 사람을 지치게 하는 냉소나 무관심과는 별개로 설교자는 설교 사역을 끝까지 감당하려는 결심을 위협하는 수많은 어려움이나 시련과 직면한다. 세상에 존재하는 어려움을 모조리 다 겪어본 사람은 아마 거의 없겠지만, 우리는 모두 만만치 않게 역경을 만난다. 따라서 우리가 대부분 너무나 잘 아는 것을 21세기 방식으로 소개하기 위해 사역하다 겪은 몇 가지 사례를 추려보았다.

한편 고린도에서는

우리 이야기를 살펴보기 전에 고린도 교회로 다시 가보자. 바울이 이 교회 교인들에게 쓴 신약 서신 두 편을 꼼꼼하게 읽어보면 그가 최소한 정경에는 포함되지 않은 편지를 두 번 더 썼음이 확실해진다. 굳이 학문적인 토론을 할 필요도 없이 고린도전서는 두 번째 편지이고 고린도후서는 네 번째 편지라는 데 의견이 일치한다. 이 편지들과 사도행전 내러티브를 토대로 전체 사정을 파악해보면, 고린도 교회 교인들과 이 교회를 설립한 사역자 간의 관계와 어려움을 이해할 수 있다. 이 마지막 편지에서 바울은 자신과 자기 사역에 매우 솔직하면서도 놀라울 정도의 소망을 품고 변호를 이어 나간다. 그는 숱한 장애와 시련에 대한 생생한 묘사로 가득한 사역 기록을 공유하며, 이런 고난에도 자신은 늘 기쁨이 넘치도록 힘을 얻고 있다고 주장한다.

성령의 감동으로 쓰인 이 편지는 하나님이 교회에 주신 선물이며 목회자를 위한 특별한 보물이다. 바넷Barnett이 지적하듯이 "하나님의 백성을 위한 풍부한 광맥"으로 "하나님의 말씀을 가르치는 교사들에게 영감을 주는 수많은 본문과 구절을 담고 있다."[1] 목회 서신과 더불어 이 편지는 특별히 오래 참음과 관련해 목회자에게 주는 교훈을 담고 있으며, 이런 덕목은 "이후 세대들에게 모범이자 영감이 된다."[2] 이 편지는 서두의 축사부터 하나님의 넘치는 은혜에 관한 감동적인 증언이 담긴 12장까지, 하나님이 사도적 사역을 통해 바울의 고난을 그분의 영광을 드러내려는 수단으로 사용하셨음을 분명히 나타낸다.

바울은 고린도후서 1장과 2장 절반을 할애해 고린도 교회와 자신과의 관계를 간략히 살펴본 후 2장 중반부터 4장 초반까지 자신의 사역을 변호한다. 이 변호는 이 장에서 계속 강조하는 인내에 관한 포괄적 진술로 이어진다. 우리가 이 주제를 강조하는 이유는 엄청난 역경에도 강단 사역을 감당하는 목회자를 구체적으로 격려하기 위해서다. 바울은 이 단락의 말미에 같은 진술을 한다. "우리가 낙심하지 아니하노니."고후 4:16 이 본문은 서술적 성격이 있음에도 바울과 같은 이들에게는 명령형으로 기능한다(낙심하지 말라). 그들이 목회자이자 선교사로 교회를 섬기기 때문이다. 그러니 우리 역시 낙심해서는 안 된다.

우리가 이런 호소를 하면서 이 본문을 살펴보는 이유는 인내하라고 직접적으로 호소하고 요청하기 때문일 뿐만 아니라 목회자와 교인들에게 주는 선물로 곤경을 제시하기 때문이다. 하나님은 아무런 의미 없이 고난을 허락하시는 게 아니라 종들의 유익과 그분의 영광을 위해 고난을 허락하신다. 고난은 우리가 받아들여야 할 선물인 것이다. 바울은 기독교 신앙의 이상한 역설 중 하나로 죽음이 생명을 낳는다고 주장한다. 이 생명은 "예수 그리스도의 얼굴에 있는 하나님의 영광을 아는 빛"6절에서 발견되며, 평범한 인간이라는 흔하고 쉽게 깨어지는 질그릇을 통해 빛난다. 이 빛은 철저히 연약하지만, 끝까지 견디고 인내하는 질그릇의 모습으로 가장 분명하게 드러나고 구분된다.

고난을 대하는 바울의 태도는 많은 것을 시사하며 내재적으로 유익하다. 고난을 이기는 한 가지 열쇠는 하나님의 주권적이고 은혜로우신 손으로 주신 향기로운 선물로 고난을 받아들이는 것이다. 잠시 더 살펴보겠지만 우선 켄터키로 다시 돌아가 보자.

다시 켄터키로

어떤 교회와 목회자는 과도하리만큼 무거운 짐을 진다. 도무지 이해되지 않을 정도의 위기와 비극이 몰아치는 분야가 있다. 각 지역에서 목회해온 지난 세월을 되돌아보며 우리는 축복의 계절과 기쁨의 순간보다 곤경의 시기가 훨씬 소중했다는 점을 온전히 깨닫는다. 이런 일화를 소개하는 이유는 고린도후서 4장에 나오는 시간을 초월한 신학적 진리를 현재에 적용하기 위해서지만, 우리 중 누구도 우리가 당하는 고난이 예외적이라거나 특별히 주목할 가치가 있다고 주장하지 않을 것이다. 우리는 평범한 분야에서 섬기는 평범한 사람들이며 우리가 만나는 역경도 평범하다. 앞에서 살펴본 스펄전이 겪었던 위기 상황을 돌아보며 몇 가지 사례를 소개하고자 한다.

공개적인 비난과 조롱과 관련해, 신문 기사에서 공개적인 비난을 받는 일이 어떤지 아는 사람은 상대적으로 거의 없다. 그러나 우리는 대부분 바람이 휘몰아치듯이 자신을 겨냥한 비난이 쏟아지던 경험을 해본 적은 있다. 나브라이언는 직접 이런 일을 겪어 봤다. 앞에서 나를 고용한 목회 위원회 위원들이 내 설교 때문에 교인들이 대거 교회를 떠났다고 한 이야기를 소개했다. 그런데 그 위원회 회원 중 한 명이 큰 분란을 일으키고 교회를 떠났다. 그녀는 내 설교를 싫어했을 뿐 아니라 자신이 좋아하지 않는 두 가지 결정 때문에 나를 더욱 증오하고 비방하게 되었다. 그리고 나를 얼마나 경멸하는지 알릴 목적으로 동조해줄 목회자들을 찾아내려고 혈안이 되었다. 게다가 친구들과 가족에게까지도 도와달라고 했다. 그녀가 한 말이 일부 사실이기는 했지만, 그녀는 내가 내린 결정 중에 자기 마음에 들지 않는 내용만 골라서 떠들고 다녔다. 나는 그 정도는 참을 수 있었다.

그러나 사실이 아닌 이야기로 지역을 돌아다니

며 내 명성에 먹칠하려는 뻔뻔한 시도와 거짓말과 비방은 몹시 견디기 어려웠다. 동네 커피숍에 들어갔는데 나와 한 번도 만난 적이 없는 사람들이 나를 비방하려고 헛소문을 퍼뜨린 이 여자의 악의적 행동 때문에 나를 알아보았다. 마트, 은행, 장례식장에서도 비슷한 경험을 했다. 그녀의 가족은 지역 내에 발이 넓었고, 그들은 내가 그 사실을 알기를 원했다.

이렇듯 교회 외부에서 싸우는 것은 힘들다. 하지만 가정 내에 어려움이 생기면 종종 그 강도가 훨씬 더 심해진다. 다른 이들에게는 이런 싸움이 하찮게 보일지 몰라도 막상 내 일이 되면 그렇지 않다. "유일하게 가벼운 수술은 내가 아닌 다른 사람이 하는 수술이다" 같은 속담처럼 말이다. 그래서 우리 가정에서 있었던 몇 가지 어려운 일을 이야기해보려고 한다.

살 집이 없다

2013년 가을은 우리 가족제임스에게 롤러코스터를 탄 것 같았던 때였다. 8월의 어느 수요일 오후 내슈빌에서 목회자 모임을 마치고 돌아가던 중 나는 멘

토이자 친구에게 전화 한 통을 받았다. 목회자 청빙위원회의 회장과 막 점심 식사를 끝마쳤다며 통화하고 싶다고 했다. 모임에서 두 사람은 나의 설교 중 한 편을 보는 데 상당 시간을 할애했다고 했다. "목사님의 이력서를 그들에게 보여주고 싶어요. 하지만 목사님이 고민하고 하나님이 이 방향으로 인도하시는지 결정할 시간이 필요할 것 같아요." 나는 아무런 확답을 주지 않았다. 다만 집에 도착하면 아내와 상의할 생각이었다. 아내는 특별히 좋아하거나 기대감으로 설레지 않았다. 나는 많은 면에서 아내를 주신 주님께 감사하지만, 특히 이 경우 말도 안 되는 제안이라며 바로 명확하게 반응해줘서 고맙게 생각한다. 사실 나는 이 상황을 도피할 기회라고 생각했지, 하나님이 인도하시는 방향이라고 생각하지는 않았다.

우리는 48시간 내 그 '기회'를 없던 일로 결정하고 다시 일상으로 돌아갔다. 하지만 불과 일주일여 후에 다음 몇 개월 내로 이사해야 하는 처지가 되었다. 우리는 한 교인에게서 3년간 집을 임대해서 살고 있었는데, 어쩔 수 없이 집을 비워주어야 할 상황이 되었다. 우리는 집을 빌려준 그녀의 호의에 감사했고, 또 갑작스럽게 집을 비워주어야만 하는 상황에 공감했다. 그리고 그녀는 여전히 우리 교회 교인이자 좋은 친구로 남아 있다. 악의는 없었지만 어쩔 수 없는 상황이 발생했고, 우리는 위기에 봉착했다. 바즈타운을 떠나지는 않겠지만 이사는 해야 했다. 그런데 조지아에 우리 명의의 집이 아직 그대로 있다는 사실 때문에 문제가 복잡해졌다. 2009년 부동산 시장의 붕괴로 우리 집값이 폭락해서 그대로 보유할 수밖에 없었고, 2010년 세를 주고 켄터키로 이사를 왔다. 또 집을 산다는 것은 생각할 수도 없는 일이었다. 하지만 임대 시장을 알아보니 우리의 구매력과 필요에 맞는 몇 가지 선택을 할 수 있다는 것을 바로 알았다.

5주 동안 우리는 적당한 집을 찾으러 다녔고 시간이 흐를수록 걱정이 더욱 늘어났다. 그러다가 어느 시점에 임대보다 주택 담보 대출을 받는 편이 매달 지출되는 돈을 더 줄일 수 있음을 알고, 그 방향으로 알아보기 시작했다. 9월 하순 우리는 한 집을 구매하기로 하고, 2천 달러 이상의 가격을 흥정하며 며칠을 보냈다. 판매자가 예정된 여행차 일주일 동안 도시를 떠났지만, 우리는 그가 돌아오면 아무 문제 없이 거래를 마무리하리라 기대했다. 우리는 그 집을 어떻게 꾸밀지 상상하고 여러 계획을 세우며 주말을 보냈다. 하지만 월요일 아침 부동산 중개업자에게 걸려 온 전화를 받고 우리는 믿을 수 없을 정도로 큰 충격을 받았다. 지난 11개월 동안 그 집을 사겠다는 사람이 아무도 없었는데, 주말에 우리보다 더 높은 가격으로 그 집을 구매하겠다는 연락이 와서, 집주인이 수락했다는 것이다. 우리에게는 협상할 기회조차 주지 않았다. 결국 우리는 다시 원점으로 돌아왔다.

설상가상으로 나는 그 주 토요일에 아이티로 출국해야 했다. 집 문제가 해결되지 않은 상황에서 출국하는 것이 옳은지 아내와 의논했지만, 우리는 약속을 지키기로 했다. 10월 말 전에 이사해야 하고, 어디로 갈지 정해지지도 않은 상태였지만, 9월 마지막 주 토요일 나는 비행기에 올랐다. 이런 상황으로 큰 스트레스를 받았지만, 8주간 겪은 마음의 갈등에 비하면 아무것도 아니었다. 떠날 기회를 저버렸고, 집을 사려고 했지만 불발되어 결국 살 집을 마련하지 못했다는 사실이 뒤범벅이 되어 나는 엄청난 부담을 느꼈고 거의 절망스러운 기분이 되었다.

어떻게 보면 별일 아닐 수도 있지만, 거주할 집이 없을지도 모른다는 위기감이 들자 내 마음과 생각 속에 감추어져 있던 자만이라는 위험한 망상이 발각되고 말았다. 어떤 결정을 내리더라도 상황이 내 직감대로 흘러가지 않았기 때문에 나는 스스로 의심하며 하나님의 도우심과 통치하심에 의문을 품기 시작했다. 그 후 몇 주 동안 주님은 놀랍도록 큰 자비를 베풀어주셨다. 우리의 육신적 필요를 풍성하게 채워주셨을 뿐만 아니라 그 과정에서 나를 정결하게 해주셨다. 그분은 나의 자만심이 얼마나 터무니없는지 드러내시고 변함없는 사랑을 증명해주셨다. 당시에는 몰랐지만, 나에게 닥쳤던 그 어려움은 하나님의 선물이었다.

정체성의 위기

사역을 시작하고 10여 년이 지나고 나브라이언는 교회에서 끔찍한 한계에 봉착했다. 모든 분야에서 사역이 탄탄대로를 걷고 있던 시기였다. 그러나 내 영혼은 죽어가고 있었다. 결혼 생활도 위태로웠다. 아내는 어둠 속에 갇혀 있었다. 그동안 나는 가족을 어둠 속으로 내몰며, 나 자신에게도 같은 짓을 저질

렀다. 내가 겪은 정신적 붕괴는 사역이 내 정체성이 된 것이 원인이었다. 그러나 그런 현실을 직면하기가 두려웠다. 누군가의 도움을 받고자 한다면 모든 것을 잃을 각오를 해야 했다. 나는 마지못해 전문가의 도움을 받았다. 하나님은 매우 현명하고 유능한 카운슬러와 나를 용납하며 기다려주는 가까운 목회자 친구들을 붙여주셔서 오랜 시간이 걸릴 여정을 시작하게 해주셨다. 이 여정에서 내 연약함과 인간성의 실체를 적나라하게 보는 고통스러운 시간을 보냈고, 내 정체성이 뿌리까지 흔들리는 경험을 했다.

완전히 기운이 빠져 낙심한 순간에는 아침에 침대에서 나오기도 힘들었다. 기쁨은 사라지고 매일의 일과를 감당하는 것조차 힘들었다. 그 시간은 나의 약점을 이해하고 받아들이는 과정이었고, 예수님이 그런 나를 만나주시리라고 믿으면서 힘을 얻었다. 그리고 주님은 실제로 그렇게 해주셨다. 여전히 나는 이 여정에 있다. 하지만 내 인생은 근본적으로 달라졌다. 생각지도 못했던 방식으로 내 영혼은 평화를 누리고 있다. 그리스도 안에서 나는 그 사실을 생생히 체험했다. 우리의 연약함을 받아들일 때 실제로 힘을 얻고 온전해진다.^{고후 12:9-10} 이런 정체성 위기와 곤경은 사역과 가족까지 위험으로 내몰았지만, 이 모든 궤도를 재형성하고 다시 방향을 올바로 잡을 수 있게 해주신 것은 하나님의 놀라운 선물이었다. 이런 와중에도 하나님은 여전히 우리 안에 교회를 짓고 계셨다. 그때는 느낄 수 없었지만, 그 어려움은 분명히 선물이었다.

아들의 발작 증세와 사람들의 비방

2015년 학기 말이 되면서 우리제임스의 모든 상황이 순조롭게 풀리는 것 같았다. 하지만 아들에게 뭔가 이상한 일이 일어나고 있었다. 그것을 처음 알아챘을 때는 뒷마당에서 아들과 야구공을 주고받으며 놀던 때였다. 아이가 자주 공에 집중하지 못하는 모습을 보였다. 갑자기 멍한 표정을 짓더니 10초에서 15초 정도 자기 주변에서 일어나는 일에 전혀 관심이 없다는 듯이 행동했다. 처음에 우리는 그저 멍하게 있는 것으로 생각하고 대수롭지 않게 넘어갔다. 보통 때도 고도로 집중하면 주변에 어떤 일이 일어나는지 잘 알지 못했기에, 우리는 그저 아이가 어떤 것에 과도하게 집중하고 있다고 생각했다.

그러나 상황은 더욱 악화했다. 아이에게 어떤 병

이 있을 것 같다는 심증을 굳히게 되었다. 우리 아이 담당 소아과 의사이기도 한 친구는 아이를 자세히 관찰한 뒤 증상을 적은 다음 일주일 후에 내원하라고 했다. 그 기간은 아들을 자세히 관찰할 수 있는 중요한 시간이었고, 아이가 고통스러워하는 모습을 지켜보는 것은 몹시 괴로운 일이었다. 간단히 검진을 마친 의사는 초진 결과를 알려주었고, 우리는 충격과 두려움에 빠졌다. 의사가 말하길, 우리 아들이 일종의 간질 증세를 보이는데 소아 결신 발작을 일으키는 것 같으니 신경과에서 정밀 검사를 해보는 게 좋겠다고 했다. 일주일 내에 신경과 의사가 정밀 검사를 한 뒤 소아 결신 발작이 맞는다고 진단했고, 아들은 치료를 받기 시작했다. 병에 걸린 자녀를 둔 부모라면 공감하겠지만, 우리 발밑의 땅은 안전하지 않았다. 의학적 가능성이라는 큰 틀에서 보면 이 진단은 훨씬 더 부정적인 결과였고, 그 싸움의 무게는 형언할 수 없을 정도였다.

하나님의 섭리로 소아과 의사와 약속을 잡고 내원한 날 나는 또 다른 모임에 참석해달라는 연락을 받았다. 우리 교인 중 한 명이 그날 받은 메일 한 통과 관련해 교회 사무실로 연락을 해왔다고 했다. 익

명으로 보낸 그 메일에는 나를 개인적으로 깎아내리고 내 사역을 비방하는 내용이 담겨 있었다. 이 편지가 몇 명에게나 전달되었는지 정확히 파악되지 않은 상황이었지만, 교회 리더 몇 명이 나를 지지하며, 이 사실을 내가 알기를 바랐던 것이다. 그 주에 아들이 수면 박탈 뇌파 검사를 받았고, 메일의 진의를 파악하고 적절한 대응 방안을 마련하기 위한 리더십 모임이 열렸다. 사역에 따른 짐은 아들에 대한 염려에 비할 바는 아니었지만 고통스러운 시련에 또 다른 어려움이 가중된 꼴이었다.

그때 하나님은 특별한 섭리로 나를 돌봐주셨다. 뒤돌아보면, 하나님이 20여 년 전부터 나를 돌보실 계획을 세우시고, 사건을 조율하셨음을 알게 된다. 그 편지에 관한 기억은 아득한 과거가 되었고, 아들은 하나님의 은혜로 소아과 의사와 첫 면담을 한 뒤 그 주 월요일부터 다시는 발작 증세를 보이지 않았다. 그 순간에는 몰랐지만 그 어려움은 선물이었다.

마음의 문제

5년 내 세 번째 해고 시도에 맞서면서 갈등이 최고조에 이르렀을 때 건강상의 문제가 생겼다.^{브라이언}

심장 두근거림뿐 아니라 불안 장애 증상이 나타나기 시작했다. 증상이 악화하면 순간적으로 호흡 곤란이 찾아왔기 때문에 가벼이 볼 문제가 아니었다. 증상이 심해지자 나는 결국 병원에서 검사를 받았다. 그들은 심장 모니터로 바짝 다가서게 한 다음 증상을 살폈다.

역설적이게도 담당 의사는 "지금 스트레스가 심하신가 봐요?"라고 가벼운 질문을 던지며 상태를 확인하고 진찰했다. 그 질문에 다소 충격을 받은 나는 이렇게 답했다. "교회에서 목회를 하고 있고, 어린 자녀가 있는 사람이라면 누구나 받는 수준의 스트레스라고 생각합니다." 지난 5년간 몸담았던 교회의 적대적 환경에 관해서는 굳이 언급하지 않았다. 그러자 그는 중요한 한 가지 질문을 했고 하나님은 그 질문을 크게 사용하셨다. "대부분 조사 결과를 보면 가장 스트레스를 많이 받는 직군이 당신처럼 목회직인데, 그 사실을 아시나요?"

무엇인가 제각기 떨어져 있던 점들이 처음으로 하나로 연결되는 듯한 순간이었다. 지난 5년간 받은 스트레스가 내 심장 문제의 원인일 수 있었다. 나는 천천히 끓는 물에 들어가 익혀지는 개구리의 전형적인 사례에 해당했고, 그런 상관성을 간과하고 있었다. 하지만 이제 문제가 무엇인지 파악했다. 그래서 다른 방식으로 나를 돌아보기 시작했다. 주어진 휴가 시간을 모두 사용하기 시작했다. 내게 한계가 있다는 사실을 깨달았고, 앞으로 이 일을 정말 잘하고 싶다면 그들의 말을 경청할 필요가 있었다. 정신적, 정서적으로 받는 스트레스에 대한 자각 능력을 높이기 위해 몸의 변화에 귀 기울이기 시작했다. 당시에는 몰랐지만 적대적 환경으로 생긴 곤경은 선물이었다.

슬픔의 계절

나제임스가 나누려는 곤경과 관련한 마지막 사례는 구체적인 일화가 아니다. 사건이 아니기에 한 가지 에피소드로 이야기할 수 없다. 말하자면 우울한 증상이기 때문이다. 우울증보다는 가볍지만, 단순히 낙심했다고 말할 수 있는 수준은 아니었다. 나는 감당이 안 될 정도의 슬픔은 아니지만 기쁨이 침식될 정도로 반복되는 우울함에 시달렸다. 분명히 환경이 이 우울함에 일조했겠지만, 그것이 모든 원인은 아니었다.

이런 어려움을 늘 겪지는 않지만 괴로울 정도로 집요하게 시달린 것은 사실이다. 마치 안개가 내 마음과 생각을 자욱하게 뒤덮는 것 같다. 때로는 사전 경고도 없이 이런 기분이 찾아온다. 낙관적으로 보이는 순간이나 날을 맞으면 하나님 안에서 만족하며 쉼을 누리지만, 조금의 빌미만 있으면 두려움이나 공포심이 내 생각을 장악해버린다. 그러면 짙은 슬픔이 나를 짓누른다. 불행히도 사역의 순간순간마다 이런 우울함을 보상하는 법을 배웠기에 사람들은 대체로 나를 정상으로 본다. 그러나 마음 깊은 곳에서는 고통스럽고 슬프고 우울한 감정이 내 영혼에 불길한 그림자를 드리우고 있다.

이런 순간이 찾아오면 기쁨은 저 멀리 닿을 수 없는 곳에 있는 것처럼 느껴진다. 이 어둠의 그림자는 어떤 의미에서 견딜 수 없는 수준은 아니지만 계속 질척대는 속성 때문에 내 영혼을 지치게 한다. 최근에 아내에게 이 사실에 대한 글을 쓰면서 이렇게 적었다. "너무 불안정하고 약한 나 자신이 질리고 싫소. 그런 일로 투덜거리고 원망하는 것도 이제 지겹고, 몇 개월 단위로 자기 연민에서 빠져나오지 못하고 우울해하는 것도 지겹소." 안으로는 나의 부족함과 실패의 감정, 밖으로는 여러 문제로 인한 압박감이 얽히고설켜 깊은 절망의 감정을 형성한다.

마음에 이런 어려움에 시달리면 나는 두 가지 구체적인 면에서 죄를 짓고 싶은 유혹을 받는다. 첫째, 인간적 장점으로 끝까지 밀고 나가며 이런 감정을 '무시하고 진도를 나가려고' 한다. 둘째, 가능한 한 피하고 외면하는 데 골몰한다. 인생 자체에 대한 외면이나 회피가 아니라 목회 사역자로서 맡겨진 몫의 짐을 외면하려는 것이다. 하나님은 은혜로 늘 나를 붙들어주고 계신다. 형제들이여, 우울과 낙심으로 씨름하는 어떤 이들은 의료적 치료와 약물이라는 일반 은총이 필요할 것이다. 또 어떤 이들은 더 전문적인 조언으로 이런 문제를 다룰 수 있겠지만, 신앙이라는 이름으로 이런 잠재적 수단을 버리거나 외면하지 말아야 한다.[3] 그러나 많은 이에게 영적 침체라는 어려움은 세상의 모든 일이 다 옳지는 않다는 반복된 깨달음을 얻는 순간이다. 이런 어려움을 겪으면 슬럼프에 빠지고 의욕을 잃는다. 자신이 현재 이런 상태에 있더라도 절망하지는 말라. 당신만이 이런 어려움을 겪지는 않기 때문이다. 그 순간에는 몰랐지만 이런 어려움도 선물이다.

곤경을 견디고 이기기 위한 격려의 말

어떤 의미에서 우리의 이야기는 특별하지만, 또 어떤 의미에서는 평범한 것에 불과하다. 우리는 갈등, 위기, 질병, 낙심과 씨름하는 최초의 사람도 아니고 최후의 사람도 아니다. 하지만 우리의 특별한 시련은 매우 개인적이다. 목회자라면 누구나 자신만의 이야기가 있고, 어떤 사람은 책 한 권을 쓸 수 있을 정도일지도 모른다. 그러나 다시 한 번 말하지만, 모범적으로 고난을 감당한다고 스스로 자랑하거나 우쭐대서도 안 되고, 반대로 자기 연민 속에서 뒹굴어서도 안 된다. 잘 살펴보면 우리는 풍성한 은혜의 축복을 받았고 누려왔다. 하지만 끝까지 인내하고 견디는 일이 절대 쉽지는 않다. 얼마나 많은 어려움을 겪었든지, 말씀을 통해 우리 인생에 성령이 역사하지 않으신다면 절대 이런 일을 견디지 못할 것이다. 이 장을 마감하는 시점에 우리가 목표하는 바가 여기에 있다.

고린도후서 4장을 다시 읽고 바울이 자기 사역을 변호하다가 고난을 견디는 이유와 방법에 대해 말하는 것을 유의해서 살펴보라. 또한 현재는 고통스럽지만, 고난이 결국 하나님이 주신 선물이라고 명확히 결론 내린 것을 꼼꼼하게 살펴보라.

그러므로 우리가 이 직분을 받아 긍휼하심을 입은 대로 낙심하지 아니하고 이에 숨은 부끄러움의 일을 버리고 속임으로 행하지 아니하며 하나님의 말씀을 혼잡하게 하지 아니하고 오직 진리를 나타냄으로 하나님 앞에서 각 사람의 양심에 대하여 스스로 추천하노라 만일 우리의 복음이 가리었으면 망하는 자들에게 가리어진 것이라 그중에 이 세상의 신이 믿지 아니하는 자들의 마음을 혼미하게 하여 그리스도의 영광의 복음의 광채가 비치지 못하게 함이니 그리스도는 하나님의 형상이니라 우리는 우리를 전파하는 것이 아니라 오직 그리스도 예수의 주 되신 것과 또 예수를 위하여 우리가 너희의 종 된 것을 전파함이라 어두운 데에 빛이 비치라 말씀하셨던 그 하나님께서 예수 그리스도의 얼굴에 있는 하나님의 영광을 아는 빛을 우리 마음에 비추셨느니라

우리가 이 보배를 질그릇에 가졌으니 이는 심히 큰 능력은 하나님께 있고 우리에게 있지 아니함을 알게 하려 함이라 우리가 사방으로 우겨쌈을 당하여도 싸이지 아니하며 답답한 일을 당하여도 낙심하지 아니하

며 박해를 받아도 버린 바 되지 아니하며 거꾸러뜨림을 당하여도 망하지 아니하고 우리가 항상 예수의 죽음을 몸에 짊어짐은 예수의 생명이 또한 우리 몸에 나타나게 하려 함이라 우리 살아 있는 자가 항상 예수를 위하여 죽음에 넘겨짐은 예수의 생명이 또한 우리 죽을 육체에 나타나게 하려 함이라 그런즉 사망은 우리 안에서 역사하고 생명은 너희 안에서 역사하느니라
기록된바 내가 믿었으므로 말하였다 한 것같이 우리가 같은 믿음의 마음을 가졌으니 우리도 믿었으므로 또한 말하노라 주 예수를 다시 살리신 이가 예수와 함께 우리도 다시 살리사 너희와 함께 그 앞에 서게 하실 줄을 아노라 이는 모든 것이 너희를 위함이니 많은 사람의 감사로 말미암아 은혜가 더하여 넘쳐서 하나님께 영광을 돌리게 하려 함이라
그러므로 우리가 낙심하지 아니하노니 우리의 겉사람은 낡아지나 우리의 속사람은 날로 새로워지도다 우리가 잠시 받는 환난의 경한 것이 지극히 크고 영원한 영광의 중한 것을 우리에게 이루게 함이니 우리가 주목하는 것은 보이는 것이 아니요 보이지 않는 것이니 보이는 것은 잠깐이요 보이지 않는 것은 영원함이라.

곤경은 우리가 이 사역을 하기에 부족한 존재임을 일깨워주는 선물이다. 하나님은 절대 그릇이 그 내용물의 아름다움을 능가하기를 원하지 않으셨다. 전달하는 그릇이 내용물보다 더 부각하도록 계획하지 않으셨다. 복음 사역을 이끄는 능력의 원천이 어디인지 의심하지 않도록, 그분은 고난을 이용하셔서 그 사실을 드러내 보여주신다. 바울은 8-9절에서 네 가지 종류의 고난을 말한다. 그것은 괴롭힘, 혼란스러움, 박해, 물리적 공격이다.

이 경우 모두 고난 그 자체에 의미가 있는 것이 아니라 고난이 우리를 무너뜨릴 수 없다는 사실에 의미가 있다. 고난과 관련된 분사형은 반대 내용의 다른 분사형과 대조를 이룬다. 욱여쌈을 당해도 싸이지 않는다. 답답한 일로 혼란스러워도 절망에 빠지지 않는다. 박해받아도 하나님께 버려진 것이 아니다. 거꾸러뜨림 같은 물리적 공격을 받아도 망하지 않는다. 실제로 이런 일을 당하면 우리 능력의 극한까지 내몰리지만, 이 일을 허락하신 하나님이 우리를 넘어지지 않게 붙들어주신다. 우리는 이런 어려움을 감당할 능력이 없다. 우리는 그렇게 강하거나 지혜롭지 않으며, 고난은 우리가 절대적으로 하나님께 의존해야 하는 존재임을 일깨워주는 밀접한 선물이다. 그러므로 고난을 마다하지 말라.

곤경은 예수의 생명을 그 종들을 통해 드러내기 위한 선물이다. 하나님의 붙들어주시는 은혜가 없다면 고난은 인간을 망가뜨릴 수도 있다. 그러나 10-11절에서 바울이 가르쳐주듯이 곤경은 우리 안에 예수의 생명을 드러내기 위한 수단이 된다. 우리 힘에 의지해 살지 않는다면, 곤경을 통해 그 사실을 증명할 수 있다. 헬라어 히나^{hina}는 10절 중반에서 고난의 목적을 알려주고 있다. 바울은 고난을 '예수의 죽음을 짊어지는 것'으로 예수의 생명을 나타내기 위한 목적이 있다고 말한다.

자기에게 만족하는 목회자는 예수의 풍성한 부활의 생명이 드러나지 못하게 막는 결과를 초래한다. 하나님은 종들에게 고난의 짐을 지게 하시고 그들을 통해 그분의 생명의 빛이 빛나게 하심으로 이런 잘못된 생각을 차단하신다. 고난이라는 어두운 골짜기로 하나님의 절대적 충분성과 우리의 불충분성이 드러나지 않으면 부활하신 우리 구세주의 풍성한 생명을 온전히 드러낼 수 없다.

곤경은 교인들에게 생명을 전달해주기 위한 선

물이다. 고난당하는 종들을 통해 예수의 생명을 나타내게 한다는 데서 나아가 바울은 하나님의 백성에게 반향을 일으키는 효과를 설명한다. 간단히 말해, 죽음이 사역자 안에 역사하면 생명이 교회 안에서 역사하게 된다. 교회 안에 생명의 씨앗은 목회자의 고난의 씨로 싹이 튼다. 12절은 교회 속에 나타나는 하나님의 역사가 항상 하나님이 목회자를 통해 행하시는 변화시키는 사역으로 이루어진다는 진리를 강조한다. 우리가 고난을 참고 견디면, 그분의 백성 가운데 하나님 은혜의 물결이 두루 미치고, 하나님이 영광을 받으신다.

교인들이 믿음과 경건과 인내와 거룩함과 평강과 오래 참음으로 더욱 자라감으로 하나님이 더욱 영광을 받으시기를 원한다면, 시련의 불을 인내함으로 통과해야 한다. 그들은 그런 당신을 보고 있다. 이럴 때 우리는 모든 환경에서 성령으로 행하는 것이 어떤 것인지를 생생하게 보여줄 수 있다. 교인들이 성화되기를 진심으로 바란다면 고난을 가볍게 여기지 말라. 고난은 그들의 삶을 위해 하나님이 손에 들고 사용하시는 도구이기 때문이다.

이 진리를 하향 적용하자면, 목회자의 곤경은 교

회가 사랑 안에서 자랄 기회를 준다. 교인들이 목회자를 섬기고 돌보도록 내몰기 때문이다. 목회 사역에 대한 현대적 관념에 따르면, 목회자란 항상 일방적으로 교회를 섬기는 존재이며, 교회 안이 아닌 밖에서 도움을 받아야 한다. 물론 교회 밖에서 목회자들을 돌봐야 한다는 생각을 지지하기는 하지만,[4] 사실 힘들어하는 목회자를 도울 가장 좋은 방법은 교회 공동체 생활이라는 맥락 안에서다. 형제들이여, 인내하고 참아내려는 우리 싸움의 실체를 제대로 드러내지 않는다면, 교인들이 우리를 돌보는 기쁨을 빼앗는 셈이라는 사실을 알아야 한다.

곤경은 우리가 영원을 준비하기 위한 선물이다. 바울은 16절에서 이 소단락의 주제인 "그러므로 우리가 낙심하지 아니하노니"라는 문장을 반복한 다음 고난이 선물인 이 마지막 이유를 소개한다. 고난은 우리를 기다리고 있는 것을 갈망하게 함으로써 현세에 대한 집착에서 벗어나게 해준다. 누구나 눈으로 보이는 것에 의지하고 싶은 유혹을 받는다. 육신과 건강과 명성과 사역에 집착하지만, 어느 것도 영원하지 않다. 이런 사실을 알기는 하지만 우리는 연약함과 보이는 것의 일시적 속성을 끊임없이 떠올

려야만 하는 인간이라는 존재다. 이런 이유로 고난은 '경하고' '잠시 받는 것'이라 할 수 있다. 쉬워서가 아니라 영원의 무게와 길이에 비하면 아무것도 아니기 때문이다.

그러나 고난은 단순히 영원한 시각을 제공하는 데서 그치지 않는다. 17절에 따르면 "영원한 영광의 중한 것을 우리에게 이루게 [한다]." 고난은 하나님 뜻의 일부이자 영광스럽고 은혜로우며 최종적인 목적으로, 그분의 백성을 좌절하게 하는 게 아니라 오히려 앞으로 나아가게 한다. 로마서 8장 28절의 말을 빌리자면, 그분은 우리의 궁극적이고 영원한 선을 이루고자 우리의 고난을 다른 모든 것과 함께 사용하신다. 그러므로 고난은 적극적으로 받아들여야 할 선물이다.

이 장의 결론으로 자주 인용되는 찰스 스펄전의 말보다 더 적절한 문구는 없는 것 같다. 목회자들이여, 우리도 이 고백에 동참하도록 하자. "감히 말하건대 하나님이 우리에게 주실 수 있는 가장 위대한 세속적 축복은 건강이다. 다만 질병은 예외다…고난은 우리 집에 있는 가구 중 가장 최고의 품목이다. 목회자의 서재에 있는 최고의 책이다."[5]

결론

<u>하나님의 은혜로 설교 사역을
넉넉히 감당할 수 있다</u>

그러므로 내가 그리스도를 위하여 약한 것들과 능욕과 궁핍과 박해와 곤고를 기뻐하노니 이는 내가 약한 그때에 강함이라. 고후 12:10

단순히 다음 주일을 무사히 버텨내거나 앞으로 몇 년 동안 사역을 포기하지 않고 이어가게 하려고 이 책을 쓴 것이 아니다. 성령님이 우리 영혼을 다시 회복시키기를 바라는 마음에서 이 책을 집필했다. 우리는 늘 긴장하면서 인간적 노력을 기울이며 기쁨도 없는 사역을 근근이 이어가는 수준에서 벗어나기를 원한다. 우리는 그보다 훨씬 더 고귀한 일을 하도록 부름받았다. 이 책에서 일관되게 강조한 인내에 관한 권면의 정점은 바로 고린도후서 12장 7-10절에서 확인할 수 있다.

> 여러 계시를 받은 것이 지극히 크므로 너무 자만하지 않게 하시려고 내 육체에 가시 곧 사탄의 사자를 주셨으니 이는 나를 쳐서 너무 자만하지 않게 하려 하심이라 이것이 내게서 떠나가게 하기 위하여 내가 세 번 주께 간구하였더니 나에게 이르시기를 내 은혜가 네게 족하도다 이는 내 능력이 약한 데서 온전하여짐이라 하신지라 그러므로 도리어 크게 기뻐함으로 나의 여러 약한 것들에 대하여 자랑하리니 이는 그리스도의 능력이 내게 머물게 하려 함이라 그러므로 내가 그리스도를 위하여 약한 것들과 능욕과 궁핍과 박해와 곤고를 기뻐하노니 이는 내가 약한 그때에 강함이라.

이 책에서 여러 차례 강조했듯이 바울은 정신적 육체적으로 혹은 영적으로 약한 사람이 아니었다.

완벽하거나 슈퍼맨도 아니었지만 절대 포기를 모르는 사람이었다. 이런 이유로 '육신의 가시'에 관한 그의 고백이 더 놀랍고 인상적이다. 그 가시가 무엇을 가리키는지 확인하는 일은 이 책의 취지와 관련해 별로 의미가 없는 작업이다. 바울은 쉽게 그것을 밝힐 수 있었겠지만, 성령님이 그 사실을 알리지 못하게 막으셨다. 게다가 이런 모호성은 고난의 구체적 내용에 시선을 빼앗기지 않고 이 본문의 더 중요한 핵심에 관심을 집중하는 데 도움이 된다. 다시 말해서 참된 신자라면 두드러지는 강점이 아니라 자신의 약함을 자랑할 것이다. 가시는 바울에게 설교자라면 누구나 겪는 적대감, 무관심과 냉소, 역경과 관련 있는 가시적 시련을 상징한다. 바울의 자기 성찰과 결론을 토대로 이제 세 가지 마지막 당부를 하고자 한다.

첫째, 고난으로 겸손을 함양하는 계기로 삼으라. 목회자, 특별히 젊은 목회자에게 가장 중요한 맹점 중 하나는 자기 인식 부족이다. 많은 사람이 자신이 누구이며 어떤 재능이 있고 다른 사람들이 자신을 어떻게 보는지 잘 모른다. 이렇게 자신을 잘 모를 때 마음에 교만이 자라, 우리 영혼과 사역에 해가 된다. 바울 역시 7절에서 사도직이라는 특권적 속성 때문에 교만의 유혹을 받는다고 인정했다. 그의 몸의 가시는 자기 연약함을 잊지 않고 교만에 맞서야 함을 기억하라는 하나님의 경고등이었다.

고난은 모든 면에서 우리를 성결하게 하려고 하나님이 베푸시는 은혜다. 이 책에서 시종일관 강조했듯이 적대감과 무관심이나 냉소, 고난은 하나님이 설교자들을 그분의 형상으로 빚으려고 사용하시는 중요한 사역 도구다. 이런 어려움에 대한 반응에서 우리가 종종 보이는 자기만족의 가면이 벗겨지고 숨어 있던 교만과 치명적인 우상 숭배의 씨앗이 드러난다. 이런 죄악들은 싹이 나고 꽃을 피우도록 방치하면 우리 인생과 사역에 파멸의 칼날을 휘두르게 될 것이다. 그러므로 고난당할 때 그리스도의 십자가로 다시 나아가, 자신이 얼마나 무력한 존재인지 그리스도 안에 있는 소망이 얼마나 충분한지를 되새기라. 정신적 영적으로 이렇게 방향을 재설정하여 엎드리는 순간들은 휘몰아치는 고통의 소용돌이 속에서 우리 영혼을 붙잡아주는 닻이 된다. 설교와 가르침의 영적 은사가 출중해도 자기 힘으로는 이 직무를 감당할 수 없다. 우리는 모든 일에 주님을 의

존해야 하는 존재다.

둘째, 고난당할 때 우리 안에 전사의 정신이 자라나게 하라. 이 가시를 제거할 절대적 권위가 있으신 하나님은 분명히 이 가시를 확실히 통제하고 계신다. 그러나 적은 이것을 기회로 삼아 바울을 괴롭히고 힘들게 했다. 사탄은 우리를 증오하고 복음을 전하려는 우리 노력도 싫어한다. 그래서 사탄은 사람들을 이 일에서 이탈하게 하려고 혈안이 되어 있다. 다시 언급하자면, 루터는 이 원수에 대해 경고하고 있다. "말씀을 전하는 일은 얼마나 힘든 일인가. 실제로 하나님 말씀을 전하는 일은 스스로 지옥 화염과 사탄의 분노에 뛰어드는 것이다. 즉 세상 모든 권세에 대항하는 일이다. 이처럼 사탄의 수많은 이빨에 자신을 내던지는 것은 인생에서 가장 위험한 일이다."[1]

우리의 싸움은 단순히 혈과 육신에 관한 것이 아니다. 성도석에 앉아 설교자인 우리를 노려보는 사람은 진정한 원수가 아니다. 고난은 단순히 물리적이거나 정신적인 것이 아니다. 우리에게는 원한에 차서 분노로 이글거리는 적을 정면 공격해야 할 의무가 있다. 이 책은 인생의 지혜를 나누기 위해서가 아니라 무장하라는 요청을 하려고 썼다. 매일 말씀의 풍요를 누리며 기도로 하나님과 교제하고 경건의 영적 훈련을 함으로써 아무도 보지 않는 순간에도 계속 싸우라.[2] 다음 설교를 위해 공부하기 위해서뿐 아니라 영혼의 자양분을 받아들이고자 천천히 음미하며 말씀을 읽으라. 일주일에 한 번으로 그치지 말고 계속해서 하나님의 자비를 입술만이 아니라 마음으로 노래 부르라. 하나님의 말씀을 암송하여 생각 속에 저장하고 마음속에 간직하도록 노력하라. 복음을 전할 목적으로 믿지 않는 이들과 우정의 교제를 나누라.

이런 훈련 외에도 다른 형제들(목회자뿐 아니라 비목회자)과 돈독한 관계를 맺으며 서로 제자로 세워가라고 당부하고 싶다. 하나님은 우리를 관제의 제물로 받으시겠지만, 절대 우리가 빈 상태로 있기를 바라지는 않으신다. 소수의 사람과 나누는 신실한 우정은 우리를 지탱하는 하나님의 자비로운 은혜다. G. K. 체스터턴은 다음과 같이 잊기 어려운 인상적인 말을 했다. "아무도 없어서 고립된 것과 단 한 명이라도 우군이 있는 것의 차이는 형언할 수 없을 정도로 어마어마하다. 4는 2를 곱한 것이다. 그러나

2는 1을 곱한 것이 아니다. 2는 2천을 1과 곱한 것이다."[3] 하나님의 양 떼를 인도하고 먹이며 보호하고 돌보는 힘든 수고를 감당하는 가운데 경건을 위해 스스로 훈련하는 기본에 끝까지 충실하라. 설교자의 특수한 고난인 적대감, 무관심과 냉소, 곤경을 만났을 때 이 일상적인 은혜의 수단으로 끊임없이 기쁨을 쟁취하고자 분투하라.

셋째, 고난당할 때 자족하는 마음을 기르도록 하라. 고린도후서 말씀을 읽다가 '자족'이라는 단어를 떠올렸다. 10절에서 바울이 한 말은 불가능한 일처럼 보인다. 어떻게 적대감, 무관심과 냉소, 곤경 속에서 자족할 수 있는가? 이는 순진하거나 자기 학대가 아닌가? 그러나 바울은 앞뒤 문장에서 우리가 자족해야 할 근거를 제시한다. 고난 속에서 만족하고 심지어 기뻐하는 힘은 우리의 연약함이 그리스도의 능력을 드러내기 위한 장이라는 깨달음에서 생긴다고 바울은 주장한다. 하나님 은혜의 충분성과 능력의 완전함이 우리의 시련으로 드러나는 것이다.

이처럼 시련을 통해 그리스도의 능력이 우리에게 임하기 때문에 우리는 시련을 기쁘게 견딜 수 있다.

그분의 사람들을 백성 앞에서 희생 제물로 부어주심으로 그리스도의 대의가 더욱 진전된다. 이제 비교적 알려지지 않은 20세기 장로교 설교자 브루스 틸러만^{Bruce Thielemann}의 서늘하면서도 가슴 벅찬 말로 이 장을 마무리하고자 한다.

바다가 선원을 불러내듯이 설교는 이 일로 기름 부으신 자들을 불러냅니다. 그리고 마치 바다의 파도처럼 끊임없이 두들기고 마음에 멍이 들게 합니다. 절대 쉴 줄을 모릅니다…진정으로 설교한다는 것은 한 번에 조금씩 벌거벗긴 채 죽어가는 일입니다. 그리고 그렇게 할 때마다 다시 그 일을 해야 한다는 것을 아는 일입니다. 설교자를 붙들어주는 확실한 것은 오직 하나 뿐입니다. 하나님은 그분에게 영광을 돌릴 목적일 때를 제외하고는 절대 사람의 화평을 거부하지 않으신다는 것입니다.[4]

감사의 말

제임스

참 은혜로우신 하나님은 이 출판 기획과 사역에 큰 은혜를 베푸셔서 많은 사람을 우리에게 붙여주셨습니다. 어떤 사람은 집필에 도움을 주었고 다른 모든 사람은 하나같이 인내하고 기다려주는 것으로 도움을 베풀어주었습니다. 그중 특별히 나와 한 집에 사는 세 사람에게 많은 도움을 받았습니다. 아내 미킬라와 우리 아이들인 켄나와 제이크입니다. 집필 과정에서 어떤 희생도 마다하지 않고, 도전과 격려로 저와 함께해주어 미안하고 고맙게 생각합니다.

목회 사역을 하다 부딪히는 불만과 비난에도 끝까지 견디도록 나를 붙들어주시는 하나님이 계시기에, 세 사람이 그리스도와 그분의 신부 된 교회를 더욱 사랑하게 되기를 기도합니다.

친구이자 공동 저자인 브라이언이 없었다면 이 책은 절대 세상 밖으로 나오지 못했을 것입니다. 본인의 이야기를 공개하고 나의 제안에 귀 기울여주며 끝까지 이 일에 함께해줘서 고맙습니다. 그와 우정을 나누며 함께 복음을 전함으로 지금도 계속 축복을 누리고 있습니다.

파크웨이 침례교회 형제자매들에게 감사드립니다. 이 책을 읽고 여러분의 목회자로 섬기는 일에 제가 참된 기쁨을 누리지 못하고 있다는 잘못된 결론을 내리는 일이 없기를 기도합니다. 지난 8년 동안 특별히 여러 방법으로 격려를 아끼지 않았던 이들이 나를 비판하는 이들보다 압도적으로 많았습니다. 하나님은 여러분과 여러분의 친절한 격려, 더 중요하게는 여러분의 기도를 사용하셔서 저를 흔들리지 않게 붙잡아주시고 강건하게 해주셨습니다. 교회 리더십 팀, 간사들, 장로님들, 집사님들, 행정 팀에 감사드립니다. 저를 지지해주시고 너그럽게 봐주셔서 감사합니다. 모든 사역 분야마다 힘든 과제가 있고, 이 분야라고 예외는 아닙니다만 저는 여러분 모두를 사랑하며 여러분을 섬기는 일이 즐겁고 행복합니다.

마지막으로, 이 책이 세상으로 나올 수 있도록 도와준 나의 몇몇 친구에게 감사를 드립니다. 이 시기에 곁에서 물심양면으로 도움을 준 이들에게 감사드립니다. 스탠, 조시, 제이콥, 마이크, 에릭, 제임스, 코리. 하나님은 여러분을 사용하셔서 제 마음을 새롭게 하시고 제 인생을 다시 만져주셨습니다. 정말 감사합니다. 이 책을 꼼꼼하게 읽고 편집해준 랜들, 에드, 마셜에게 감사드립니다. 마지막 퇴고를 거치기까지 아낌없는 수고를 해주셔서 감사합니다.

브라이언

랜들 코필드는 지난 몇 년간 사역의 훌륭한 동반자이자 귀한 친구였습니다. 이 책에 관해 여러 반짝이는 제안과 편집 작업으로 우리를 도와줘서 훨씬 좋은 책을 선보이게 되어 정말 고맙습니다.

의미 있는 우정과 늘 변치 않는 삶의 모습을 보여주고, 이 책 내용의 상당 부분에 대해 실제적인 가르침을 준 라이언, 짐, 롭에게 감사합니다.

오번데일 침례교회의 교인들이 아니었다면 이 책은 이론과 객관적인 원리를 소개하는 수준에 불과했을 것입니다. 여러분 덕분에 이 책은 개인적이면서도 삶에 직접적으로 영향을 미치는 책이 될 수 있었습니다. 여러분의 목회자가 되어 이 여정을 함께하게 된 것이 제 인생의 큰 기쁨입니다.

우리 가족은 목회자로서 겪는 모든 어려움에 매 순간 함께해주었습니다. 하나님이 저를 격려하고 포기하지 않게 하시려고 사랑하는 아내 카라와 우리 아이들 새뮤얼, 애비, 이사벨, 클레어를 얼마나 크게 사용하셨는지 가늠하기도 어렵습니다. 이것은 저의 이야기일 뿐 아니라 우리 가족의 이야기이기도 합니다. 가족의 이런 사랑과 변함없는 지지에 감사드립니다.

브라이언과 제임스가 함께 감사드리고 싶은 분들께

우리와 함께 협력해준 윌리 매캔지, 크리스천 포커스, 프랙티컬 셰퍼딩에 감사드립니다. 여러분과 일하는 것이 얼마나 즐거운지 모릅니다!

프랙티컬 셰퍼딩 이사회에 감사드립니다. 이 일에 지지와 우정과 격려를 보내주셔서 감사드립니다.

위대한 목자 장이신 예수님께 감사드립니다. 주님의 신부가 누릴 영광을 적게나마 엿보게 해주셔서 감사합니다. 당신의 사랑을 받으며 주의 교회를 회복하는 이 중요한 일에 참여하게 해주셔서 감사합니다.

주

1장. 성경에 나오는 인내한 설교자들

1. 『지저스 콜링』(*Jesus Calling*, 생명의말씀사 역간)은 사라 영(Sarah Young)이 쓴 베스트셀러다. 성경 진리를 일부 담았고, 거의 모든 기독교 서점에서 판매되지만, 이 책이 예수님께 받은 새로운 말씀을 담았다는 영의 주장은 매우 위험하다. 팀 챌리스(Tim Challies)는 "지저스 콜링의 10가지 심각한 문제"에서 이 책에 대해 비판했다. https://bit.ly/3D8HteK (18년 10월 23일 접속)

2장. 교회사에 등장하는 인내한 설교자들

1. 데이비드 프린스(David Prince)가 *A Guide to Church Revitalization*, R. Albert Mohler, Jr. 편집(Louisville, KY: SBTS Press; 2015), 32-33에서 쓴 부분인 "Lead from the Front: The Priority of Expository Preaching"에서 인용된 마르틴 루터의 글.
2. Derek Prime, *Charles Simeon: An Ordinary Pastor of Expository Influence*(Leominster: Day One, 2011), 46.
3. Handley Moule, *Charles Simeon: Pastor of a Generation*(Fearn, Ross-shire: Christian Focus, 1997), 42.
4. Prime, 47.
5. Moule, 36.
6. Prime, 48.
7. 위와 동일, 47.
8. George M. Marsden, *Jonathan Edwards: A Life*(New Haven & London, Yale University Press, 2003), 220, 『조나단 에드워즈 평전』(부흥과개혁사 역간)
9. Jonathan Edwards, "Sinners in the Hands of an Angry God", Monergism.com, https://bit.ly/3CZuCdp (18년 10월 25일 접속)
10. Josh Moody, "This Day in History: Jonathan Edwards

Preaches 'Sinners in the Hands of an Angry God'", Crossway(2018년 7월 8일), https://bit.ly/3N1s7fm (18년 10월 25일 접속)
11. Peter Beck, *12 Faithful Men*에 수록된 "Jonathan Edwards(1703-1758): Faithful to the End", Collin Hansen, Jeff Robinson 편집(Grand Rapids: Baker, 2018), 63-64.
12. 위와 동일, 69.
13. Marsden, 370.
14. John Piper, Justin Taylor, *A God Entranced Vision of All Things: The Legacy of Jonathan Edwards*(Wheaton: Crossway, 2004), 135.
15. Stephen J. Nichols, *For the Fame of God's Name: Essays in Honor of John Piper* 중 "Proclaiming the Gospel and the Glory of God: The Legacy of Jonathan Edwards for Preaching", Sam Storms, Justin Taylor 편집(Wheaton: Crossway, 2010), 379.
16. 이 단락은 존 파이퍼(John Piper)의 *A Camaraderie of Confidence*에 나온 글을 참고했다. 되도록 직접 인용은 피하려고 하지만, 그의 글을 상당 부분 참고한 것이 사실이다.
17. Eric Hayden, "Charles Spurgeon: Did you Know?" Christianity Today, https://bit.ly/3sr94le (18년 10월 25일 접속)
18. John Piper, *A Camaraderie of Confidence*(Wheaton: Crossway, 2016), 46.
19. 위와 동일, 47.
20. Zach Eswine, *12 Faithful Men*에서 "Charles Spurgeon(1834-1892): Faithful in Sorrow", Collin Hansen, Jeff Robinson 편집(Grand Rapids: Baker, 2018). 131.
21. 위와 동일, 46.
22. Piper, 48.
23. Eswine, 129.
24. L. Tyerman, *The Life of Rev. George Whitefield*(New York: Anson D. F. Randolph & Company, 1877), 397-398.
25. John MacArthur, "Criticism: A Pastor's All-too-Common Companion", Together for the Gospel에서 한 설교(2018년 4월), https://bit.ly/3sp4FPx (18년 10월 25일 접속)
26. John Piper, "John Piper's Upcoming Leave", Desiring God, https://bit.ly/3VZHA3K (18년 10월 25일 접속)
27. D. A. Carson, *Memoirs of an Ordinary Pastor*(Wheaton: Crossway, 2008).
28. 이와 관련해 더 많은 자료를 읽고 싶다면 여기서 인용한 두 자료를 추천하고 싶다. "The Swans are Not Silent"라는 제목의 존 파이퍼의 저서 7권짜리

시리즈 모음집을 2018년 Crossway에서 *21 Servants of Sovereign Joy*라는 제목으로 다시 선보였다. 핸슨(Hansen)과 로빈슨(Robinson)의 *12 Faithful Men* 역시 추천한다. 이 책을 집필하는 데 시의적절하게 도움이 된 자료다.

29. R. Albert Mohler Jr., "The Primacy of Preaching", *Feed my Sheep*(Orlando: Soli Deo Gloria Publications, 2002), 10, 『내 양을 먹이라』(복있는사람 역간, "1장 설교의 우선성")

3장. 책망받기 마땅한 부실한 설교

1. Mohler, 16.
2. Mark Dever, *Nine Marks of a Healthy Church*, 3판(Wheaton Crossway, 2013), 42-43, 『건강한 교회의 9가지 특징』(부흥과개혁사 역간)
3. Lloyd-Jones, *Preaching and Preachers*(Grand Rapids: Zondervan, 1972), 24-25, 『설교와 설교자』(복있는사람 역간)

4장. 강해 설교의 기본 원리

1. Pew Research, "Political Polarization in the American Public"(14년 6월 12일), https://pewrsr.ch/3gIuRC9 (18년 10월 25일 접속)
2. Andy Stanley, Christianity Today와의 인터뷰, http://www.christianitytoday.com/edstetzer/2009/march/andy-stanley-on-communication-part-2.html (18년 8월 9일 접속)
3. Michael Diduit, "Purpose-Driven Preaching: An Interview with Rick Warren", Preaching 17, no2(2001): 14.
4. 위와 동일.
5. Bryan Chapell, *Christ-Centered Preaching*, 2판(Grand Rapids: Baker, 2005), 31, 『그리스도 중심 설교 이렇게 하라』(CUP 역간)
6. T. H.L. Parker, *Portrait of Calvin*(Minneapolis: Desiring God, 1954), 62, https://bit.ly/3sEYjM4 (18년 10월 25일 접속)
7. Haddon Robinson, *Biblical Preaching*(Grand Rapids: Baker, 1980), 33, 『강해설교』(CUP 역간)
8. 위와 동일, 31.
9. Eugene Lowry, *The Homiletical Plot: The Sermon as Narrative Art Form*(Westminster: John Knox Press, 2001), xix-xxi, 『이야기식 설교 구성』(한장사 역간)
10. Julius Kim, *Preaching the Whole Counsel of God*(Grand

Rapids: Zondervan, 2015), 69, 『설교학』(부흥과개혁사 역간)
11. Ramesh Richard, *Preparing Expository Sermons*(Grand Rapids: Baker, 2001), 80.
12. Chapell, 199-200.
13. 이 장에서 인용한 책들로 강해설교에 대한 공부를 시작할 것을 추천한다.
14. John Stott, *Between Two Worlds*(Grand Rapids: Eerdmans, 1982), 22, 『현대 교회와 설교』(생명의 샘 역간)

5장. 장기간에 걸친 충실한 설교

1. Thom Rainer, "Dispelling the 80 Percent Myth of Declining Churches", https://thomrainer.com/2017/06/dispelling-80-percent-myth-declining-churches/ (18년 10월 25일 접속)
2. Greg Hawkins, Cally Parkinson, *Move*(Grand Rapids: Zondervan, 2011), 16, 『무브』(국제제자훈련원 역간)
3. Joseph Thayer, *Thayer's Greek-English Lexicon of the New Testament*(Peaboy, MA: Hendrickson, 2002), 37.
4. John MacArthur, "2 Timothy", *The MacArthur New Testament Commentary*(Chicago: Moody, 1995), 177.
5. William Hendrickson, "I-II Timothy", *New Testament Commentary*, 4판(Grand Rapids: Baker Academic, 2007), 122.

7장. 무관심과 냉소를 이기는 설교

1. Gordon D. Fee, "The First Epistle to the Corinthians", *New International Commentary on the New Testament*(Grand Rapids, Eerdmans, 1987), 2.
2. 위와 동일, 3.
3. 2012년에 랜드 맥널리(Rand McNally)가 바즈타운(Bardstown)을 이렇게 평가했다.
4. 파크웨이(Parkway)는 Lawless Group과 함께 교회 건강 평가를 조사하는 작업을 했다. 이 그룹과 조사 결과에 대한 내용은 thelawlessgroup.com에서 찾을 수 있다.

8장. 곤경을 이기는 설교

1. Paul Barnett, "The Second Epistle to the Corinthians", *New International Commentary on the New Testament*(Grand Rapids: Eerdmans, 1997), 47, 『NICNT 고린도후서』(부흥과개혁사

역간)
2. 위와 동일, 50.
3. 마음을 짓누르는 좌절감으로 고통스러워하는 사람이라면 Certified Biblical Counselor 사역에 문의하기를 추천한다. biblicalcounseling.com에서 가까운 사무실을 찾아보라.
4. 브라이언이 하고 있는 Practical Shepherding 사역은 바로 이 목적을 위한 것이다. 더 자세한 정보를 얻기 원한다면 practicalshepherding.com을 방문하라.
5. Randy Alcorn, *If God is Good: Faith in the Midst of Suffering and Evil*(Colorado Springs: Multnomah, 2009), 416, 『악의 문제 바로 알기』(두란노 역간)

결론

1. Martin Luther가 *A Guide to Church Revitalization*, R. Albert Mohler Jr. 편집(Louisville, KY: SBTS Press, 2015), 32-33에 데이비드 프린스(David Prince)가 쓴 "Lead from the Front: The Priority of Expository Preaching"에서 인용.
2. 이와 관련해 우리는 개인적이고 목회적 차원에서 도널드 휘트니(Donald Whitney)의 탁월한 저서, 『영적 훈련』(*Spiritual Disciplines for the Christian Life*, 네비게이토 역간)의 도움을 받았다.
3. G. K. Chesterton, *The Man Who Was Thursday: A Nightmare*, http://www.gutenberg.org/ebooks/1695 (18년 10월 29일 접속), 『목요일이었던 남자』(다수 출판사 역간)
4. Mike Bullmore, "7 Things I've Learned about Preaching(Part 2)", https://bit.ly/3SOCeFB (18년 10월 25일 접속)